定位经典丛书

22条商规

[美] 艾·里斯（Al Ries） ◎著
杰克·特劳特（Jack Trout）

寿雯◎译

THE 22 IMMUTABLE LAWS OF MARKETING
VIOLATE THEM AT YOUR OWN RISK

机械工业出版社
CHINA MACHINE PRESS

图书在版编目（CIP）数据

22 条商规 /（美）艾·里斯（Al Ries），（美）杰克·特劳特（Jack Trout）著；寿雯译. —北京：机械工业出版社，2016.8（2025.10 重印）
（定位经典丛书）
书名原文：The 22 Immutable Laws of Marketing: Violate Them at Your Own Risk
ISBN 978-7-111-54492-0

Ⅰ.2⋯ Ⅱ.①艾⋯ ②杰⋯ ③寿⋯ Ⅲ.市场营销学 - 通俗读物 Ⅳ.F713.50-49

中国版本图书馆 CIP 数据核字（2016）第 182515 号

北京市版权局著作权合同登记　字图：01-2013-4203 号。

Al Ries, Jack Trout. The 22 Immutable Laws of Marketing: Violate Them at Your Own Risk.
Copyright © 1993 by Al Ries and Jack Trout.
Simplified Chinese Translation Copyright © 2016 by China Machine Press.
Simplified Chinese translation rights arranged with HarperCollins through Ries & Chuang & Wong Branding Consulting.
No part of this book may be reproduced or transmitted in any form or by any means, electronic or mechanical, including photocopying, recording or any information storage and retrieval system, without permission, in writing, from the publisher.
All rights reserved.

本书中文简体字版由 HarperCollins 通过 Ries & Chuang & Wong Branding Consulting 授权机械工业出版社在中国大陆地区（不包括香港、澳门特别行政区及台湾地区）独家出版发行。未经出版者书面许可，不得以任何方式抄袭、复制或节录本书中的任何部分。

22 条商规

出版发行：机械工业出版社（北京市西城区百万庄大街 22 号　邮政编码　100037）
责任编辑：程　琨
责任校对：殷　虹
印　　刷：中煤（北京）印务有限公司
版　　次：2025 年 10 月第 1 版第 9 次印刷
开　　本：147mm×210mm　1/32
印　　张：7.125
书　　号：ISBN 978-7-111-54492-0
定　　价：59.00 元

客服电话：(010) 88361066　68326294

版权所有·侵权必究
封底无防伪标均为盗版

本书致力于消除市场营销过程中的神秘和误区。

——艾·里斯　杰克·特劳特

THE 22 IMMUTABLE LAWS
OF MARKETING

目录

致中国读者

中文版序

序一（邓德隆）

序二（张云）

序三（王方华）

前言

定律 1　领先定律 //001
The Law of Leadership

成为第一胜过做得更好。在潜在顾客心智中先入为主，要比让顾客相信你的产品优于该领域的首创品牌容易得多。

定律 2　品类定律 //011
The Law of the Category

如果你不能第一个进入某个品类，那么就创造一个品类使自己成为第一。

定律 3　心智定律 //017
The Law of the Mind

市场营销是一场争夺认知而不是产品的战争，在进入市场之前应该率先进入心智。

定律 4　**认知定律** //024
The Law of Perception

市场营销领域并不存在客观现实性，也不存在事实，更不存在最好的产品。存在的只是顾客或潜在顾客心智中的认知。只有这种认知才是事实，其他的都是幻觉。

定律 5　**聚焦定律** //033
The Law of Focus

市场营销的要点就是要聚焦。收缩经营范围将使你强大，追逐所有目标将使你一事无成。

定律 6　**专有定律** //044
The Law of Exclusivity

当你的竞争对手已经在潜在顾客心智中占据一个词或定位时，你若再想占据同一个词，将是徒劳无益的。

定律 7　**阶梯定律** //050
The Law of the Ladder

产品并非生来平等。潜在顾客在做购买决策时总会对各品牌进行排序。对于每一个品类，顾客的心智中都会形成一个有选购顺序的阶梯，每个品牌占有一层阶梯。

定律 8　**二元定律** //058
The Law of Duality

从总体和长远的角度来看，你会发现市场往往演化成两个大品牌竞争的局面——通常一个是值得信赖的老品牌，另一个则是后起之秀。

定律 9 　对立定律　//066
The Law of the Opposite

若想成为市场第二，那么你的战略应由位居第一者决定。强势之中隐藏着弱势。对于任何强大的领先公司，居于第二位的公司都有机会将其攻破，变其优势为劣势。

定律 10 　分化定律　//074
The Law of Division

每个品类总是始于某一个单一的品类，但在一段时间之后，这个品类开始分化成几个小品类。

定律 11 　长效定律　//082
The Law of Perspective

短期内，促销能增加公司的销售额；但从长期来看，促销只会减少公司的销售额，因为它教会顾客不要在"正常"价格时买东西。

定律 12 　延伸定律　//090
The Law of Line Extension

多便是少。产品越多，目标市场越大，战线越长，赚的钱反而越少。

定律 13 　牺牲定律　//100
The Law of Sacrifice

好像存在一种宗教式信仰似的：更大的网可以捕捉更多的顾客。但事实证明，恰恰相反。

定律 14 　特性定律　//111
The Law of Attributes

市场营销是认知的竞争。你要想成功，就必须有自己独特的认知或特性，并以此为中心展开营销。如果没有任何特性，那么你最好有低的价格。

定律 15　**坦诚定律** //117
　　　　　The Law of Candor

　　　　　使自己的产品深入人心最有效的方法是首先承认自己的不足，之后再将其转变为优势。

定律 16　**唯一定律** //123
　　　　　The Law of Singularity

　　　　　在大多数情况下，你的竞争者只有一个容易攻破的薄弱环节，正是这个环节，应该成为你全力攻击的焦点。

定律 17　**莫测定律** //130
　　　　　The Law of Unpredictability

　　　　　应对不可预见的未来情况的方法之一，便是建立具有极大灵活性的企业组织。当你所经营品类的市场发生根本性变化时，你若想长久地生存下去，就必须做出变革，并且能够快速地进行变革。

定律 18　**成功定律** //138
　　　　　The Law of Success

　　　　　成功往往会导致贸然延伸产品线。当一个品牌获得成功后，公司会认为名称好是该品牌成功的根本原因，所以它们便急切地给其他产品也都冠以同样的名称。

定律 19　**失败定律** //145
　　　　　The Law of Failure

　　　　　面对错误的现实但又对其无所作为是一件很糟糕的事，这极不利于你的事业。更佳的战略是尽早发现错误并及时采取措施以停止损失。

定律 20　**炒作定律** //151
　　　　　The Law of Hype

　　　　　炒作就是炒作。真正的革命并不是正午的吹号游行，也不会出现在晚间 6 点的新闻报道中。真正的革命会在午夜悄无声息地到来。

定律 21　**趋势定律** //159
The Law of Acceleration

如果你面对一个正在迅速崛起的行业，具有风尚的一切特征，那么你最好能够淡化风尚。通过淡化风尚，你就能使之流行的时间延长，从而使它更像是一种趋势。

定律 22　**资源定律** //165
The Law of Resources

市场营销是一场争夺顾客认知的游戏。你需要资金使自己的想法进入潜在顾客的心智中，一旦进入，你也还需要资金使自己的想法继续留在顾客的心智中。

忠告　//172

附录 A　定位思想应用　//175

附录 B　企业家感言　//179

THE 22 IMMUTABLE LAWS
OF MARKETING

致中国读者

（一）

孙子云：先胜而后求战。

商场如战场，而这就是战略的角色。事实上，无论承认与否，今天很多商业界的领先者都忽视战略，而重视战术。对于企业而言，这是极其危险的错误。你要在开战之前认真思考和确定战略，才能赢得战役的胜利。

关于这个课题，我们的书会有所帮助。但是首先要做好准备，接受战略思维方式上的颠覆性改变，因为真正有效的战略常常并不合逻辑。

以商战为例。很多企业经理人认为，胜负见于市场，但事实并非如此。胜负在于潜在顾客的心智，这是定位理论中最基本的概念。

你如何赢得心智？在过去的40多年里，这一直是我们唯一的课题。最初我们提出了定位的方法，通过一个定位概念将品牌植入心智；之后我们提出了商战，借助战争法则来思考战略；后来我们发现，除非通过聚焦，对企业和品牌的各个部分进行取舍并集中资源，否则定位往往会沦为一个传播概念。今天我们发现，开创并主导一个品类，令你的品牌成为潜在顾客心智中某一品类的代表，是赢得心智之战的关键。

但是绝大多数公司并没有这么做，以"聚焦"为例，大部分公司都不愿意聚焦，而是想要吸引每个消费者，最终它们选择延伸产品线。每个公司都想要成长，因此逻辑思维就会建议一个品牌扩张到其他品类中，但这并非定位思维。它可能不合逻辑，但我们仍然建议你的品牌保持狭窄的聚焦；如果有其他机会出现，那么推出第二个甚至第三个品牌。

几乎定位理论的每个方面和大多数公司的做法都相反，但事实上很多公司都违背了定位的原则，而恰恰是这些原则才为你在市场上创造机会。模仿竞争对手并不能让你获得胜利。你只有大胆去做不同的事才能取胜。

当然，观念的改变并非一日之功。在美国，定位理论经历了数十年的时间才被企业家广泛接受。最近几年里，我们成立了里斯伙伴中国公司，向中国企业家传播定位理论。我和女儿劳拉几乎每年都应邀到中国做定位理论新成果的演讲，我们还在中国的营销和管理类杂志上开设了长期的专栏，解答企业家们的疑问……这些努力正在发生作用，由此我相信，假以时日，中国企业一定可以创建出真正意义的全球主导品牌。

艾·里斯

2011年12月

（二）

　　中国正处在一个至关重要的十字路口上。制造廉价产品已使中国有了很大的发展，但上升的劳动力成本、环境问题、收入不平等以及对创新的需求都意味着重要的不是制造更廉价的产品，而是更好地进行产品营销。只有这样，中国才能赚更多的钱，才能在员工收入、环境保护和其他方面进行更大的投入。这意味着中国需要更好地掌握如何在顾客和潜在顾客的心智中建立品牌和认知，如何应对国内及国际上无处不在的竞争。

　　这也正是我的许多书能够发挥作用的地方。它们都是关于如何通过在众多竞争者中实现差异化来定位自己的品牌；它们都是关于如何保持简单、如何运用常识以及如何寻求显而易见又强有力的概念。总的来讲，无论你想要销售什么，它们都会告诉你如何成为一个更好的营销者。

　　我的中国合伙人邓德隆先生正将其中的很多理论在中国加以运用，他甚至为企业家开设了"定位"培训课程。但是，中国如果要建立自己的品牌，正如你们在日本、韩国和世界其他地方所看到的那些品牌，你们依然有很长的路要走。

　　但有一件事很明了：继续"制造更廉价的产品"只会死路一条，因为其他国家会想办法把价格压得更低。

杰克·特劳特
2011 年 12 月

THE 22 IMMUTABLE LAWS
OF MARKETING

中文版序

我的中国合伙人告诉我，他们将重新修订出版《22条商规》，我认为这是一件非常有意义的事情。

1993年当这本书首次出版的时候，我和杰克在扉页上特别注明了本书的宗旨："致力于消除市场营销过程中的神秘和误区。"

20年过去了，商业界已经发生了翻天覆地的变化：互联网时代的到来动摇了传统媒体昔日的地位；全球化的竞争驱动企业把它们的战略重点从本地或全国转向全球；数据库进入了营销领域，为企业了解潜在顾客的需求和偏好等详尽的信息提供了更为精准的方法。

既然如此，为什么还要去读一本老书呢？

有且只有一个原因，那就是市场营销中的神秘和误区今天仍然普遍存在，对年轻的中国企业而言，这种现象更为明显，而这本书里所提到的营销定律并不随时代和环境的变迁而改变。战术或许一直在变，但是好的战略从未改变，在20世纪70～90年代都奏效的战略在21世纪的今天也同样奏效。正如中国古代哲学家老子所言，"道独立不改，周行而不殆"。

年纪越大，我越体会到东方古老哲学的绝妙。相形之下，当今商业杂志上充斥的各种管理术语的作用显得何其微小。

老子说,"反者道之动也"。但在商业界很少有人会这样看问题,他们觉得起作用的战略逻辑是"比竞争对手做得更好"。毕竟对手们都不是傻子,他们肯定知道自己在做什么,"即便对手们做错了,我们也是错了并赢着的一方——因为我们错得更完美"。

中国品牌海尔在美国市场上的得失就是一个很好的例子。海尔的成功战略跟老子提出的思维有不谋而合之处,而它的失败又跟忽略老子有关。

海尔起初在美国市场上做得非常成功,它聚焦于大学宿舍使用的迷你冰箱,这是一个被惠而浦、伊莱克斯等聚焦高端电器的企业所忽略的市场。事实上,它们的冰箱越来越大,豪华程度也日新月异。海尔反其道而行之,成为美国迷你冰箱的大赢家,这就是海尔的成功故事。但很快海尔就遭遇了滑铁卢:它在南加州卡姆登(Camden)兴建了一个工厂,生产成本约为2 000美元的大型高价冰箱。这款冰箱卖得很差,直接导致这个工厂一直亏钱。

海尔本不应该跟惠而浦这些美国市场上的强大品牌做正面对抗,它要做的是在最初成功的战略上继续聚焦:迷你冰箱。海尔的首席执行官张瑞敏先生显然不这么想。他最喜欢挂在嘴边的一句话是:先难后易是制胜之道。在我看来,这是一条通往失败的道路。一开始人们希望找到一个较为容易的切入点进入市场,比如迷你冰箱,继而希望尽可能利用第一步的成功。很多人都认为营销的本质在于"比对手做得更好",事实上这种方式很难成功。成功的秘诀在于反其道而行之,到竞争对手的对立面去开拓新的市场,这正是本书所提到的定律之———对立定律。

15年过去了，本书中提到的一些企业或许已经不存在了，这并不重要。分享案例并非阅读本书的目的，真正的目的是借此领悟"永恒不变的商业定律"。

同时，时间证明一切，你可以看到，在过去的15年里，那些在20世纪90年代使用了好战略的企业至今仍在不断前进。而那些执行了糟糕战略的企业，至今也没有好转，例如，我们在书中一再提到的美国三大汽车公司：通用、福特、克莱斯勒，它们旗下拥有雪佛兰、凯迪拉克、福特、克莱斯勒、吉普这些响当当的品牌，但是由于长期的产品线扩张、品牌延伸、追求短期利益，这三大汽车公司如今走在破产的边缘。

事实也证明，在商业领域以外的竞争领域，这些定律仍然产生作用，2008年11月4日，巴拉克·奥巴马当选为美国历史上第一任黑人总统。世界上任何一家公司都可以从奥巴马的选举当中学到一些东西，因为他看起来充满劣势，并非一个天生的"优质产品"：之前一直默默无闻，比任何对手都年轻，是个黑人，而且有一个大多数美国人都觉得"怪"的名字。但是他遵循了基本的营销法则。

奥巴马的策略是什么呢？就一个词"变革"，每一次演说，每一次新闻发布会，每一次和支持者的会面，奥巴马都在讲台上侃侃而谈，而讲台上必然有这样一块最醒目的标识：我们得以信赖的变革。每一次演说，奥巴马的助手们都会向观众分发宣传单，上面有同样的信息：我们得以信赖的变革（聚焦定律）。

希拉里占有什么词呢？她先尝试了"经验"，后来改为"为变革倒数计时"，显然是一个模仿者，更糟糕的是当批评家批评她抄袭的做法后，她又改成了"美国的出路"（专有定律）。另一个对手麦凯恩则根本没有提出什么概念。

毫无疑问，中国是世界上最有发展潜力的国家，遗憾的是，同时我也发现，中国有的企业正走在一条危险的道路上，热衷于模仿、多元化、品牌延伸、产品线扩张……我认为，不改变这种局面，这些企业不仅无法诞生真正的世界级品牌，而且将逐渐丧失自己的竞争力。

当然，我无法期望在中国的一两场演讲就能改变中国企业的观念，这是一个长期、持续的过程，《22条商规》的重新出版就可以看作最重要的努力之一。老子认为"道"是"玄之又玄，众妙之门"，我也相信，透过《22条商规》，中国的企业家可以更好地把握营销和商业的本质规律，创建真正的世界级品牌。

艾·里斯

2008年12月

THE 22 IMMUTABLE LAWS
OF MARKETING

序一

定位：第三次生产力革命

马克思的伟大贡献在于，他深刻地指出了，以生产工具为标志的生产力的发展，是社会存在的根本柱石，也是历史的第一推动力——大思想家李泽厚如是总结马克思的唯物史观。

第一次生产力革命：泰勒"科学管理"

从唯物史观看，赢得第二次世界大战（以下简称"二战"）胜利的关键历史人物并不是丘吉尔、罗斯福与斯大林，而是弗雷德里克·泰勒。泰勒的《科学管理原理》○掀起了人类工作史上的第一次生产力革命，大幅提升了体力工作者的生产力。在泰勒之前，人类的精密制造只能依赖于能工巧匠（通过师傅带徒弟的方式进行培养，且人数不多），泰勒通过将复杂的工艺解构为简单的零部件后再组装的方式，使得即便苏格拉底或者鲁班再世恐怕也未必能造出来的智能手机、电动汽车，现在连普通的农民工都可以大批量制

○ 本书中文版已由机械工业出版社出版。

造出来。"二战"期间，美国正是全面运用了泰勒"更聪明地工作"方法，使得美国体力工作者的生产力爆炸式提高，远超其他国家，美国一国产出的战争物资比其他所有参战国的总和还要多——这才是"二战"胜利的坚实基础。

欧洲和日本也正是从"二战"的经验与教训中，认识到泰勒工作方法的极端重要性。两者分别通过"马歇尔计划"和爱德华·戴明，引入了泰勒的作业方法，这才有了后来欧洲的复兴与日本的重新崛起。包括20世纪80年代崛起的"亚洲四小龙"，以及今日的"中国经济奇迹"，本质上都是将体力工作者的生产力大幅提升的结果。

泰勒的贡献不止于此，根据唯物史观，当社会存在的根本柱石——生产力得到发展后，整个社会的"上层建筑"也将得到相应的改观。在泰勒之前，工业革命造成了资产阶级与无产阶级这两大阶级的对峙。随着生产力的发展，体力工作者收入大幅增加，工作强度和时间大幅下降，社会地位上升，并且占据社会的主导地位。前者的"哑铃型社会"充满了斗争与仇恨，后者的"橄榄型社会"则相对稳定与和谐——体力工作者生产力的提升，彻底改变了社会的阶级结构，形成了我们所说的发达国家。

体力工作者工作强度降低，人类的平均寿命因此相应延长。加上工作时间的大幅缩短，这"多出来"的许多时间，主要转向了教育。教育时间的大幅延长，催生了一场更大的"上层建筑"的革命——资本主义的终结与知识社会的出现。1959年美国的人口统计显示，靠知识（而非体力）"谋生"的人口超过体力劳动者，成为劳动人口的主力军，这就是我们所说的知识社会。目前，体力工作者在美国恐怕只占10%左右了。知识社会的趋势从美国为代表的发达国家开始，向全世界推进。

第二次生产力革命:德鲁克"组织管理"

为了因应知识社会的来临,彼得·德鲁克创立了管理这门独立的学科(核心著作是《管理的实践》及《卓有成效的管理者》㊀),管理学科的系统建立与广泛传播大幅提升了组织的生产力,使社会能容纳如此巨大的知识群体,并让他们创造绩效成为可能,这是人类史上第二次"更聪明地工作"。

在现代社会之前,全世界最能吸纳知识工作者的国家是中国。中国自汉代以来的文官制度,在隋唐经过科举制定型后,为知识分子打通了从最底层通向上层的通道。这不但为社会注入了源源不断的活力,也为人类创造出了光辉灿烂的文化,是中国领先于世界的主要原因之一。在现代社会,美国每年毕业的大学生就高达百万以上,再加上许多在职员工通过培训与进修,从体力工作者转化为知识工作者的人数就更为庞大了。特别是"二战"后实施的《退伍军人权利法案》,几年间将"二战"后退伍的军人几乎全部转化成了知识工作者。如果没有高效的管理,整个社会将因无法消化这么巨大的知识群体而陷入危机。

通过管理提升组织的生产力,现代社会不但消化了大量的知识群体,甚至还创造出了大量的新增知识工作的需求。与体力工作者的生产力是以个体为单位来研究并予以提升不同,知识工作者的知识本身并不能实现产出,必须借助组织这个"生产单位"来利用他们的知识,才可能产出成果。正是管理学让组织这个生产单位创造出应有的巨大成果。

要衡量管理学的成就,我们可以将 20 世纪分为前后两个阶段来进行审视。20 世纪前半叶是人类有史以来最血腥、最残暴、最惨无人道的半个世纪,短短 50 年的时间内居然发生了两次世界大

㊀ 这两本书中文版已由机械工业出版社出版。

战，最为专制独裁及大规模的种族灭绝都发生在这一时期。反观"二战"后的20世纪下半叶，直到2008年金融危机为止，人类享受了长达近60年的经济繁荣与社会稳定。虽然地区摩擦未断，但世界范围内的大战毕竟得以幸免。究其背后原因，正是通过恰当的管理，构成社会并承担了具体功能的各个组织，无论是企业、政府、医院、学校，还是其他非营利机构，都能有效地发挥应有的功能，同时让知识工作者获得成就和满足感，从而确保了社会的和谐与稳定。20世纪上半叶付出的代价，本质上而言是人类从农业社会转型为工业社会缺乏恰当的组织管理所引发的社会功能紊乱。20世纪下半叶，人类从工业社会转型为知识社会，虽然其剧变程度更烈，但是因为有了管理，乃至于平稳地被所有的历史学家忽略了。如果没有管理学，历史的经验告诉我们，20世纪下半叶，很有可能会像上半叶一样令我们这些身处其中的人不寒而栗。不同于之前的两次大战，现在我们已具备了足以多次毁灭整个人类的能力。

生产力的发展、社会基石的改变，照例引发了"上层建筑"的变迁。首先是所有制方面，资本家逐渐无足轻重了。在美国，社会的主要财富通过养老基金的方式被知识员工所持有。从财富总量上看，再大的企业家（如比尔·盖茨、巴菲特等巨富）与知识员工持有的财富比较起来，也只是沧海一粟而已。更重要的是，社会的关键资源不再是资本，而是知识。社会的代表人物也不再是资本家，而是知识精英或各类顶级专才。整个社会开始转型为"后资本主义社会"。社会不再由政府或国家的单一组织治理或统治，而是走向由知识组织实现自治的多元化、多中心化。政府只是众多大型组织之一，而且政府中越来越多的社会功能还在不断外包给各个独立自治的社会组织。如此众多的社会组织，几乎为每个人打开了"从底层通向上层"的通道，意味着每个人都可以通过获得知识而走向成功。当然，这同时也意味着不但在同一知识或特长领域中竞争将空前激烈，而且在不同知识领域之间也充满着相互争辉、相互替代的竞争。

正如泰勒的成就催生了一个知识型社会，德鲁克的成就则催生了一个竞争型社会。对于任何一个社会任务或需求，你都可以看到一大群管理良好的组织在全球展开争夺。不同需求之间还可以互相替代，一个产业的革命往往来自另一个产业的跨界打劫。这又是一次史无前例的社会巨变！人类自走出动物界以来，上百万年一直处于"稀缺经济"的生存状态中。然而，在短短的几十年里，由于管理的巨大成就，人类居然可以像儿童置身于糖果店中一般置身于"过剩经济"的"幸福"状态中。然而，这却给每家具体的企业带来了空前的生存压力，如何从激烈的竞争中存活下去。人们呼唤第三次生产力革命的到来。

第三次生产力革命：特劳特"定位"

对于企业界来说，前两次生产力革命，分别通过提高体力工作者和知识工作者的生产力，大幅提高了企业内部的效率，使得企业可以更好更快地满足顾客需求。这两次生产力革命的巨大成功警示企业界，接下来他们即将面临的最重大的挑战，将从管理企业的内部转向管理企业的外部，也就是顾客。德鲁克说，"企业存在的唯一目的是创造顾客"，而特劳特定位理论，将为企业创造顾客提供一种新的强大的生产工具。

竞争重心的转移

在科学管理时代，价值的创造主要在于多快好省地制造产品，因此竞争的重心在工厂，工厂同时也是经济链中的权力中心，生产什么、生产多少、定价多少都由工厂说了算，销售商与顾客的意愿无足轻重。福特的名言是这一时代权力掌握者的最好写照——你可以要任何颜色的汽车，只要它是黑色的。在组织管理时代，价值的创造主要在于更好地满足顾客需求，相应地，竞争的重心由工厂转移到了市场，竞争重心的转移必然导致经济权力的同步转移，离顾客更近的渠道商就成了经济链中的权力掌握者。互联网企业家巨大的影响力并不在于他们的财富之多，而在于他们与世界上最大的消费者群体最近。而现在，新时代的竞争重心已由市场转移至心智，经济权力也就由渠道继续前移，转移至顾客，谁能获取顾客心智的力量，谁就能摆脱渠道商的控制而握有经济链中的主导权力。在心智时代，顾客选择的力量掌握了任何一家企业、任何渠道的生杀大权。价值的创造，一方面来自企业因为有了精准定位而能够更加高效地使用社会资源，另一方面来自顾客交易成本的大幅下降。

选择的暴力

杰克·特劳特在《什么是战略》㊀开篇中描述说："最近几十年里，商业发生了巨变，几乎每个品类可选择的产品数量都有了出人意料的增长。例如，在20世纪50年代的美国，买小汽车就是在通用、福特、克莱斯勒或美国汽车这四家企业生产的车型中挑选。今天，你要在通用、福特、克莱斯勒、丰田、本田、大众、日产、菲亚特、三菱、雷诺、铃木、宝马、奔驰、现代、大宇、马自达、五十铃、起亚、沃尔沃等约300种车型中挑选。"甚至整个汽车品类都将面临高铁、短途飞机等新一代跨界替代的竞争压力。汽车业的情形，在其他各行各业中都在发生。移动互联网的发展，更是让全世

㊀ 本书中文版已由机械工业出版社出版。

界的商品和服务来到我们面前。如何对抗选择的暴力，从竞争中胜出，赢得顾客的选择而获取成长的动力，就成了组织生存的前提。

这种"选择的暴力"，只是展示了竞争残酷性的一个方面。另一方面，知识社会带来的信息爆炸，使得本来极其有限的顾客心智更加拥挤不堪。根据哈佛大学心理学博士米勒的研究，顾客心智中最多也只能为每个品类留下七个品牌空间。而特劳特先生进一步发现，随着竞争的加剧，最终连七个品牌也容纳不下，只能给两个品牌留下心智空间，这就是定位理论中著名的"二元法则"。在移动互联网时代，特劳特先生强调"二元法则"还将演进为"只有第一，没有第二"的律则。任何在顾客心智中没有占据一个独一无二位置的企业，无论其规模多么庞大，终将被选择的暴力摧毁。这才是推动全球市场不断掀起并购浪潮的根本力量，而不是人们通常误以为的是资本在背后推动，资本只是被迫顺应顾客心智的力量。特劳特先生预言，与未来几十年相比，我们今天所处的竞争环境仍像茶话会一般轻松，竞争重心转移到心智将给组织社会带来空前的紧张与危机，因为组织存在的目的，不在于组织本身，而在于组织之外的社会成果。当组织的成果因未纳入顾客选择而变得没有意义甚至消失时，组织也就失去了存在的理由与动力。这远不只是黑格尔提出的因"历史终结"带来的精神世界的无意义，而是如开篇所引马克思的唯物史观所揭示的，关乎社会存在的根本柱石发生了动摇。

走进任何一家超市，或者打开任何一个购物网站，你都可以看见货架上躺着的大多数商品，都是因为对成果的定位不当而成为没有获得心智选择力量的、平庸的、同质化的产品。由此反推，这些平庸甚至是奄奄一息的产品背后的企业，及在这些企业中工作的人们，他们的生存状态是多么地令人担忧，这可能成为下一个社会急剧动荡的根源。

吊诡的是，从大数据到人工智能等科技创新不但没能缓解这一问题，反而加剧了这种动荡。原因很简单，新科技的运用进一步提升了组织内部的效率，而组织现在面临的挑战主要不在内部，而是外部的失序与拥挤。和过去的精益生产、全面质量管理、流程再造等管理工具一样，这种提高企业内部效率的"军备竞赛"此消彼长，没有尽头。如果不能精准定位，企业内部效率提高再多，也未必能创造出外部的顾客。

新生产工具：定位

在此背景下，为组织准确定义成果、化"选择暴力"为"选择动力"的新生产工具——定位（positioning），在1969年被杰克·特劳特发现，通过大幅提升企业创造顾客的能力，引发第三次生产力革命。在谈到为何采用"定位"一词来命名这一新工具时，特劳特先生说："《韦氏词典》对战略的定义是针对敌人（竞争对手）确立最具优势的位置（position）。这正好是定位要做的工作。"在顾客心智（组织外部）中针对竞争对手确定最具优势的位置，从而使企业胜出竞争赢得优先选择，为企业源源不断地创造顾客，这是企业需全力以赴实现的成果，也是企业赖以存在的根本理由。特劳特先生的核心著作是《定位》[一]《商战》[二]和《什么是战略》，我推荐读者从这三本著作开始学习定位。

定位引领战略

1964年，德鲁克出版了《为成果而管理》[三]一书，二十年后他回忆说，其实这本书的原名是《商业战略》，但是出版社认为，商

[一][二][三] 这三本书中文版已由机械工业出版社出版。

界人士并不关心战略,所以说服他改了书名。这就是当时全球管理界的真实状况。然而,随着前两次生产力革命发挥出巨大效用,产能过剩、竞争空前加剧的形势,迫使学术界和企业界开始研究和重视战略。一时间,战略成为显学,百花齐放,亨利·明茨伯格甚至总结出了战略学的十大流派,许多大企业也建立了自己的战略部门。战略领域的权威、哈佛商学院迈克尔·波特教授总结了几十年来的研究成果,清晰地给出了一个明确并且被企业界和学术界最广泛接受的定义:"战略,就是创造一种独特、有利的定位。""最高管理层的核心任务是制定战略:界定并宣传公司独特的定位,进行战略取舍,在各项运营活动之间建立配称关系。"波特同时指出了之前战略界众说纷纭的原因,在于人们未能分清"运营效益"和"战略"的区别。提高运营效益,意味着比竞争对手做得更好;而战略意味着做到不同,创造与众不同的差异化价值。提高运营效益是一场没有尽头的军备竞赛,可以模仿追赶,只能带来短暂的竞争优势;而战略则无法模仿,可以创造持续的长期竞争优势。

定位引领运营

企业有了明确的定位以后,几乎可以立刻识别出企业的哪些运营动作加强了企业的战略,哪些运营动作没有加强企业的战略,甚至和战略背道而驰,从而做到有取有舍,集中炮火对着同一个城墙口冲锋,"不在非战略机会点上消耗战略竞争力量"(任正非语)。举凡创新、研发、设计、制造、产品、渠道、供应链、营销、投资、顾客体验、人力资源等,企业所有的运营动作都必须能够加强而不是削弱定位。

比如美国西南航空公司,定位明确之后,上下同心,围绕定位建立了环环相扣、彼此加强的运营系统:不提供餐饮、不指定座位、无行李转运、不和其他航空公司联程转机、只提供中等规模城市和二级机场之间的短程点对点航线、单一波音737组成的标准化机队、频繁可靠的班次、15分钟泊机周转、精简高效士气高昂的员工、较高的薪酬、灵活的工会合同、员工持股计划等,这些运营动作组合在一起,夯实了战略定位,让西南航空能够在提供超低票价的同时还能为股东创造丰厚利润,使得西南航空成为一家在战略上与众不同的航空公司。

所有组织和个人都需要定位

定位与管理一样,不仅适用于企业,还适用于政府、医院、学校等各类组织,以及城市和国家这样的超大型组织。例如岛国格林纳达,通过从"盛产香料的小岛"重新定位为"加勒比海的原貌",从一个平淡无奇的小岛变成了旅游胜地;新西兰从"澳大利亚旁边的一个小国"重新定位成"世界上最美丽的两个岛屿";比利时从"去欧洲旅游的中转站"重新定位成"美丽的比利时,有五个阿姆斯特丹"等。目前,有些城市和景区因定位不当而导致生产力低下,出现了同质化现象,破坏独特文化价值的事时有发生……同样,我们每个人在社会中也一样面临竞争,所以也需要找到自己的独特定位。个人如何创建定位,详见"定位经典丛书"之《人生定位》㊀,它会教你在竞争中赢得雇主、上司、伙伴、心上人的优先选择。

定位客观存在

事实上,已不存在要不要定位的问题,而是要么你是在正确、精准地定位,要么你是在错误地定位,从而根据错误的定位配置企业资源。这一点与管理学刚兴起时,管理者并不知道自己的工作就

㊀ 本书中文版已由机械工业出版社出版。

是做管理非常类似。由于对定位功能客观存在缺乏"觉悟",即缺乏自觉意识,企业常常在不自觉中破坏已有的成功定位,挥刀自戕的现象屡屡发生、层出不穷。当一个品牌破坏了已有的定位,或者企业运营没有遵循顾客心智中的定位来配置资源,不但造成顾客不接受新投入,反而会浪费企业巨大的资产,甚至使企业毁灭。读者可以从"定位经典丛书"中看到诸如 AT&T、DEC、通用汽车、米勒啤酒、施乐等案例,它们曾盛极一时,却因违背顾客心智中的定位而由盛转衰,成为惨痛教训。

创造"心智资源"

企业最有价值的资源是什么?这个问题的答案是一直在变化的。100 年前,可能是土地、资本;40 年前,可能是人力资源、知识资源。现在,这些组织内部资源的重要性并没有消失,但其决定性的地位都要让位于组织外部的心智资源(占据一个定位)。没有心智资源的牵引,其他所有资源都只是成本。企业经营中最重大的战略决策就是要将所有资源集中起来抢占一个定位,使品牌成为顾客心智中定位的代名词,企业因此才能获得来自顾客心智中的选择力量。所以,这个代名词才是企业生生不息的大油田、大资源,借用德鲁克的用语,即开启了"心智力量战略"(mind power strategy)。股神巴菲特之所以几十年都持有可口可乐的股票,是因为可口可乐这个品牌本身的价值,可口可乐就是可乐的代名词。有人问巴菲特为什么一反"不碰高科技股"的原则而购买苹果的股票,巴菲特回答说,在我的孙子辈及其朋友的心智中,iPhone 的品牌已经是智能手机的代名词,我看重的不是市场份额,而是心智份额(大意,非原语)。对于巴菲特这样的长期投资者而言,企业强大的心智资源才是最重要的内在价值及"深深的护城河"。

衡量企业经营决定性绩效的方式也从传统的财务盈利与否，转向为占有心智资源（定位）与否。这也解释了为何互联网企业即使不盈利也能不断获得大笔投资，因为占有心智资源（定位）本身就是最大的成果。历史上，新生产工具的诞生，同时会导致新生产方式的产生，这种直取心智资源（定位）而不顾盈利的生产方式，是由新的生产工具带来的。这不只发生在互联网高科技产业，实践证明传统行业也完全适用。随着第三次生产力革命的深入，其他产业与非营利组织将全面沿用这一新的生产方式——第三次"更聪明地工作"。

伟大的愿景：从第三次生产力革命到第二次文艺复兴

第三次生产力革命将会对人类社会的"上层建筑"产生何种积极的影响，现在谈论显然为时尚早，也远非本文、本人能力所及。但对于正大步迈入现代化、全球化的中国而言，展望未来，其意义非同一般。我们毕竟错过了前面两次生产力爆炸的最佳时机，两次与巨大历史机遇擦肩而过（万幸的是，改革开放让中国赶上了这两次生产力浪潮的尾声），而第三次生产力浪潮中国却是与全球同步。甚至，种种迹象显示：中国很可能正走在第三次生产力浪潮的前头。继续保持并发展这一良好势头，中国大有希望。李泽厚先生在他的《文明的调停者——全球化进程中的中国文化定位》一文中写道：

注重现实生活、历史经验的中国深层文化特色，在缓和、解决全球化过程中的种种困难和问题，在调停执着于一神教义的各宗教、文化的对抗和冲突中，也许能起到某种积极作用。所以我曾说，与亨廷顿所说相反，中国文明也许能担任基督教文明与伊斯兰教文明冲突中的调停者。当然，这要到未来中国文化的物质力量有了巨大成长之后。

随着生产力的发展，中国物质力量的强大，中国将可能成为人类文明冲突的调停者。李泽厚先生还说：

中国将可能引发人类的第二次文艺复兴。第一次文艺复兴，是回到古希腊传统，其成果是将人从神的统治下解放出来，充分肯定人的感性存在。第二次文艺复兴将回到以孔子、庄子为核心的中国古典传统，其成果是将人从机器的统治下（物质机器与社会机器）解放出来，使人获得丰足的人性与温暖的人情。这也需要中国的生产力足够发展，经济力量足够强大才可能。

历史充满了偶然，历史的前进更往往是在悲剧中前行。李泽厚先生曾提出一个深刻的历史哲学：历史与伦理的二律背反。尽管历史与伦理二者都具价值，二者却总是矛盾背反、冲突不断，一方的前进总要以另一方的倒退为代价，特别是在历史的转型期更是如此。正是两次世界大战付出了惨重的伦理道德沦陷的巨大代价，才使人类发现了泰勒生产方式推动历史前进的巨大价值而对其全面采用。我们是否还会重演历史，只有付出巨大的代价与牺牲之后才能真正重视、了解定位的强大功用，从而引发第三次生产力革命的大爆发呢？德鲁克先生的实践证明，只要知识阶层肩负起对社会的担当、责任，我们完全可以避免世界大战的再次发生。在取得这一辉煌的管理成就之后，现在再次需要知识分子承担起应尽的责任，将目光与努力从组织内部转向组织外部，在顾客心智中确立定位，引领组织内部所有资源实现高效配置，为组织源源不断创造顾客。

现代化给人类创造了空前的生产力，也制造了与之偕来的种种问题。在超大型组织巨大的能力面前，每一家小企业、每一个渺小的个人，将如何安放自己，找到存在的家园？幸运的是，去中心化、分布式系统、网络社群等创新表明，人类似乎又一次为自己找到了进化的方向。在秦制统一大帝国之前，中华文明以血缘、家族为纽带的氏族部落体制曾经发展得非常充分，每个氏族有自己独特的观念体系："民为贵""以义合""合则留，不合则去"等。不妨大胆地想象，也许未来的社会，将在先进生产力的加持下，呈现为一种新的"氏族社会"，每个人、每个组织都有自己独特的定位，以各自的专长、兴趣和禀赋为纽带，逐群而居，"甘其食，美其服，安其居，乐其俗"，从而"各美其美，美人之美，美美与共，天下大同"。人类历史几千年的同质性、普遍性、必然性逐渐终结，每个个体的偶发性、差异性、独特性日趋重要，如李泽厚先生所言："个体积淀的差异性将成为未来世界的主题，这也许是乐观的人类的未来，即万紫千红百花齐放的个体独特性、差异性的全面实现。"在这个过程中，企业也将打破千篇一律的现状，成为千姿百态生活的创造者，生产力必然又一次飞跃。

人是目的，不是手段。这种丰富多彩、每个个体实现自己独特创造性的未来才是值得追求的。从第三次生产力革命到第二次文艺复兴，为中国的知识分子提供了一个创造人类新历史的伟大愿景。嘻嘻！高山仰止，景行行止，壮哉伟哉，心向往之……

邓德隆
特劳特伙伴公司全球总裁
写于 2011 年 7 月
改于 2021 年 11 月

THE 22 IMMUTABLE LAWS
OF MARKETING

序二

定位理论：中国制造向中国品牌成功转型的关键

历史一再证明，越是革命性的思想，其价值被人们所认识越需要漫长的过程。

自 1972 年，美国最具影响力的营销杂志《广告时代》刊登"定位时代来临"系列文章，使定位理论正式进入世界营销舞台的中央，至今已 40 年。自 1981 年《定位》一书在美国正式出版，至今已 30 多年。自 1991 年《定位》首次在中国出版（当时该书名叫《广告攻心战》）至今已 20 多年。然而，时至今日，中国企业对定位理论仍然知之甚少。

表面上，造成这种现状的原因与"定位理论"的出身有关，对于这样一个"舶来品"，很多人还未读几页就迫不及待地讨论所谓洋理论在中国市场"水土不服"的问题。根本原因在于定位所倡导的观念不仅与中国企业固有思维模式和观念存在巨大的冲突，也与中国企业的标杆——日韩企业的主流思维模式截然相反。由于具有地缘性的优势，以松下、索尼、三星为代表的日韩企业经验一度被认为更适合中国企业。

从营销和战略的角度看，我们把美国企业主流的经营哲学称为A（America）模式，把日本企业主流经营哲学称为J（Japan）模式。总体而言，A模式最为显著的特点就是聚焦，狭窄而深入；J模式则宽泛而浅显。简单讨论二者的孰优孰劣也许是仁者见仁的问题，很难有实质的结果，但如果比较这两种模式典型企业的长期盈利能力，则高下立现。

通过长期跟踪日本企业和美国企业的财务状况，我们发现，典型的J模式企业盈利状况都极其糟糕，以下是日本六大电子企业在1999～2009年10年间的营业数据：

日立销售收入84 200亿美元，亏损117亿美元；

松下销售收入7 340亿美元，亏损12亿美元；

索尼销售收入6 960亿美元，税后净利润80亿美元，销售净利润率为1.1%；

东芝销售收入5 630亿美元，税后净利润4亿美元；

富士通销售收入4 450亿美元，亏损19亿美元；

三洋销售收入2 020亿美元，亏损36亿美元。

中国企业普遍的榜样、日本最著名六大电子公司10年间的经营成果居然是亏损100亿美元，即使是利润率最高的索尼，也远低于银行的贷款利率（日本大企业全仰仗日本政府为刺激经济采取对大企业的高额贴息政策，资金成本极低，才得以维持）。与日本六大电子企业的亏损相对应的是，同期美国500强企业平均利润率高达5.4%，优劣一目了然。由此可见，从更宏观的层面看，日本经济长期低迷的根源远非糟糕的货币政策、金融资产泡沫破灭，而是 J 模式之下实体企业普遍糟糕的盈利水平。

定位理论正由于对美国企业的深远影响，成为"A 模式背后的理论"。自诞生以来，定位理论经过四个重要的发展阶段。

20 世纪 70 年代：定位的诞生。"定位"最为重要的贡献是在营销史上指出：营销的竞争是一场关于心智的竞争，营销竞争的终极战场不是工厂也不是市场，而是心智。心智决定市场，也决定营销的成败。

20 世纪 80 年代：营销战。20 世纪 70 年代末期，随着产品的同质化和市场竞争的加剧，艾·里斯和杰克·特劳特发现，企业很难仅通过满足客户需求的方式在营销中获得成功。而里斯早年的从军经历为他们的营销思想带来了启发：从竞争的极端形式——战争中寻找营销战略规律。（实际上，近代战略理论的思想大多源于军事领域，战略一词本身就是军事用语。）1985 年，《商战》出版，被誉为营销界的"孙子兵法"，其提出的"防御战""进攻战""侧翼战""游击战"四种战略被全球著名商学院广泛采用。

20 世纪 90 年代：聚焦。20 世纪 80 年代末，来自华尔街年复一年的增长压力，迫使美国的大企业纷纷走上多元化发展的道路，期望以增加产品线和服务的方式来实现销售和利润的增长。结果，IBM、通用汽车、GE 等大企业纷纷陷入亏损的泥潭。企业如何获得和保持竞争力？艾·里斯以一个简单的自然现象给出了答案：太阳的能量为激光的数十万倍，但由于分散，变成了人类的皮肤也可以享受的温暖阳光，激光则通过聚焦获得力量，轻松切割坚硬的钻石和钢板。企业和品牌要获得竞争力，唯有聚焦。

新世纪：开创新品类。2004年，艾·里斯与劳拉·里斯的著作《品牌的起源》[⊖]出版。书中指出：自然界为商业界提供了现成模型。品类是商业界的物种，是隐藏在品牌背后的关键力量，消费者"以品类来思考，以品牌来表达"，分化诞生新品类，进化提升新品类的竞争力量。里斯进一步指出，企业唯一的目的就是开创并主导新品类，苹果公司正是开创并主导新品类取得成功的最佳典范。

经过半个世纪以来不断的发展和完善，定位理论对美国企业以及全球企业产生了深远的影响，成为美国企业的成功之源，乃至美国国家竞争力的重要组成部分。

过去40年的实践同时证明，在不同文化、体制下，以"定位理论"为基础的A模式企业普遍具有良好的长期盈利能力和市场竞争力。

在欧洲，20世纪90年代初，诺基亚公司受"聚焦"思想影响，果断砍掉橡胶、造纸、彩电（当时诺基亚为欧洲第二大彩电品牌）等大部分业务，聚焦于手机品类，仅仅用了短短10年时间，就超越百年企业西门子成为欧洲第一大企业。（遗憾的是，诺基亚并未及时吸收定位理论发展的最新成果，把握分化趋势，在智能手机品类推出新品牌，如今陷入新的困境。）

在日本，三大汽车公司在全球范围内取得的成功，其关键正是在发挥日本企业在产品生产方面优势的同时学习了A模式的经验。以丰田为例，丰田长期聚焦于汽车领域，不断创新品类，并启用独立新品牌，先后创建了日本中级车代表丰田、日本豪华车代表雷克萨斯、年轻人的汽车品牌塞恩，最近又将混合动力汽车

⊖ 此书中文版已由机械工业出版社出版。

品牌普锐斯独立，这些基于新品类的独立品牌推动丰田成为全球最大的汽车企业。

同属电子行业的两家日本企业任天堂和索尼的例子更能说明问题。索尼具有更高的知名度和品牌影响力，但其业务分散，属于典型的J模式企业。任天堂则是典型的A模式企业：依靠聚焦于游戏机领域，开创了家庭游戏机品类。尽管任天堂的营业额只有索尼的十几分之一，但其利润率一直远超过索尼。以金融危机前夕的2007年为例，索尼销售收入704亿美元，利润率为1.7%；而任天堂销售收入43亿美元，利润率是22%。当年任天堂股票市值首次超过索尼，一度接近索尼市值的2倍，至今仍保持市值上的领先优势。

中国的情况同样如此。

中国家电企业普遍采取J模式发展，最后陷入行业性低迷，以海尔最具代表性。海尔以冰箱起家，在"满足顾客需求"理念的引导下，逐步进入黑电、IT、移动通信等数十个领域。根据海尔公布的营业数据估算，海尔的利润率基本在1%左右，难怪海尔的董事长张瑞敏感叹"海尔的利润像刀片一样薄"。与之相对应的是，家电企业中典型的A模式企业——格力，通过聚焦，在十几年的时间里由一家小企业发展成为中国最大的空调企业，并实现了5%~6%的利润率，与全球A模式企业的平均水平一致，成为中国家电企业中最赚钱的企业。

实际上，在中国市场，各个行业中发展势头良好、盈利能力稳定的企业和品牌几乎毫无例外都属于A模式，如家电中的格力、汽车中的长城、烟草中的中华、白酒中的茅台和洋河、啤酒中的雪花等。

　　当前，中国经济正处于极其艰难的转型时期，成败的关键从微观来看，取决于中国企业的经营模式能否实现从产品贸易向品牌经营转变，更进一步看，就是从当前普遍的 J 模式转向 A 模式。从这个意义上讲，对于 A 模式背后的理论——定位理论的学习，是中国企业和企业家们的必修课。

　　令人欣慰的是，经过 20 年来著作的传播以及早期实践企业的示范效应，越来越多的中国企业已经投入定位理论的学习和实践之中，并取得了卓越的成果。由此我们相信，假以时日，定位理论也必成为有史以来对中国营销影响最大的观念。如此，中国经济的成功转型，乃至中华民族的复兴都将成为可能。

张云
里斯伙伴（中国）营销战略咨询公司总经理
2012 年 2 月于上海陆家嘴

THE 22 IMMUTABLE LAWS
OF MARKETING

序三

运用之妙，存乎一心

对于市场营销学界的专家和从事市场营销的人员来说，"定位"一词现在一点也不陌生，但是在 1972 年，美国当代营销大师艾·里斯和杰克·特劳特在美国《广告时代》杂志上发表《定位新纪元》(The Positioning Era) 之前，恐怕没有多少人知道这个字眼。"定位"的产生和流行离不开以上两位大师创新的思维和准确的描述。此后，他们再度联手合作的一本营销学名著《定位》，再次兴起市场营销学界的一股"定位"潮流。

面对复杂的经济环境，所有的企业都面临如何准确定位的问题。如何在新的机遇下，找到适合的公司定位、找到产品的营销定位、打造具有竞争力的品牌、有效运用市场营销网络，是众多企业关注的焦点。"定位"从某种意义上讲，就是企业根据所处的环境，塑造其产品的特殊形象，寻找在市场上的特定位置。"定位"主要取决于消费者或用户如何认识该产品，取决于他们对产品的评价，所以，"定位"实际上是一种心理效应。

几年前，不少中国企业在发展战略上选择了大而全的多元化模式，多种产品同时并存，消耗企业大量的资源，这样的模式可持续吗？有没有更加适合中国企业发展的思路和理论？上海交通大学中国企业发展研究院的研究人员基于上述问题，一直试图寻找国内外文选和案例，以供我国企业高管和市场营销人员阅读与借鉴。"蓦然回首，那人却在，灯火阑珊处。"由当代"定位"大师艾·里斯和杰克·特劳特等美国营销专家合著的系列读物使我们兴奋不已，《22条商规》《聚焦》《品牌22律》《互联网商规11条》㊀，这四本美国管理类畅销书，以简洁的语言、精辟的思想、创新的理论成为企业战略和市场营销领域中不可多得的一套权威著作，在美国一出版即受到众人瞩目，我们相信，它们在中国也同样会光芒闪烁。

普利司通/火石轮胎销售公司董事长苏尼尔·库马（Sunil Kumar）说："现实世界的市场营销人员发现，花费大量的精力也很难学会企业战略的一个重要的要素——聚焦，艾·里斯和杰克·特劳特就是教会我们懂得如何'聚焦'的最成功的老师。"在阅读这套系列读物的过程中，我们为作者丰富、真实、不同行业的聚焦定位的案例所深深地触动。这套系列读物，在通俗之中不乏透彻的理论，在说理之中不乏精彩的案例，让读者不仅从美国公司定位的胜利与失败之中寻求经验和教训，更是从中小型公司通过有效定位并取得成功中找到希望。艾·里斯和杰克·特劳特渊博的知识、丰富的实战背景、对于案例的信手拈来，以及他们对定位理论的新发展、新变化的介绍，都使我们产生了深厚的兴趣。

在艾·里斯和杰克·特劳特的定义中，"定位首创于产品。一

㊀ 以上图书中文版已由机械工业出版社出版。

件商品、一项服务、一家公司、一家机构，甚至是个人……都可以加以定位。然而，定位并不是指产品本身，而是指产品在潜在消费者心智中的认知，即产品在消费者心智中的地位"，"定位，就是要替你的商品或品牌找到一个适合的'字眼'或'概念'嵌入消费者的心中，而不会迷失在传播的丛林中"，"世界上大部分的著名品牌在某种意义上都代表了一种简单"。在这套系列读物中处处折射出作者睿智的思想。

《22条商规》是艾·里斯和杰克·特劳特联手的又一部名著，为了消除市场营销过程的神秘和误区，他们总结了数年来对市场基本原理和问题的研究，把成果浓缩归纳成影响与决定市场营销成败的22条定律。他们以深入浅出、精练的语言告诉读者，只有当你理解并掌握市场法则时，才能设计出一个卓越的市场营销计划。"经理们常常会以为，只要市场营销计划设计得好，组织得好，再加上资金支持，就一定会有效"，但是"如果市场营销计划失策，那么无论你多么精明，也不论预算有多大，都毫无例外地是在浪费金钱"。"你如何才能避免第一个犯错误呢？最容易的办法是要让你的市场营销计划符合市场营销法则。"在这本书中，你既可以在剖析众多美国公司的错误中穿上你的防弹衣，同时，也可以从成功的经验中找到适合自己的风向标。22条易于领悟和掌握的市场营销原则贯穿了艾·里斯和杰克·特劳特的"简单"思想。两位大师联袂合著的《22条商规》本身就深刻地体现了市场营销的法则。

艾·里斯在《聚焦》中再次强调了"聚焦"经营的理念。这本书致力于确立市场营销过程的真正目标，即市场营销不仅提供产品和服务，而且是在开创未来；不仅开创公司的总体未来，而且开创公司业务的具体前景。而聚焦经营恰恰能预见公司的愿景,并通过具体的步骤实现企业的愿景。企业通过让自身更加集中化的种种方法,可以变得更加强大。作为里斯商业智慧再添美妙一笔的该书,观点新鲜有趣又发人深省。书中引用中国的一句谚语"脚踩两只船注定是要落空的",形象地反映了艾·里斯一向提倡的:要成功就必须集中经营,必须将精力放在最有可能成功的业务上。该书还提出一个有意思的论点,即"在生产和理财轮番成为公司的战略进程重点之后,现今公司的重点应该转移到市场营销上。既懂财务又懂市场营销的总裁才是当今最有竞争力的管理者。"如何通过集中经营来开创公司未来?作为市场营销大师的艾·里斯在公司管理上的独特见解,会使读过本书的公司高管拍案叫绝。

《品牌22律》是艾·里斯和他的女儿劳拉·里斯合作的成果。该书延伸了《聚焦》一书的思想,探讨怎样把一种产品和服务打造成一个世界级品牌。此书甫一出版即成为品牌圣经。作为权威的品牌专业教材,《品牌22律》一反传统教材篇幅冗长的弊病,沿用《22条商规》的简约风格,浓缩复杂的理论和原理,用22条适合快速阅读的小标题予以支持,以美国大公司品牌战略案例予以佐证,让读者在繁忙工作之余轻松阅读。该书进一步提出市场营销过程本身也应集中化的观念,帮助企业在今天狂躁而拥挤的市场中找到穿越混乱的捷径,这就是走一条打造品牌的路。什么是打造品牌的有效法则?让我们到《品牌22律》一书中去发掘。

《互联网商规11条》是艾·里斯和女儿劳拉·里斯再度联袂的佳作。互联网是十年难得一遇的革命性奇迹,较之50年来个人电脑、电子芯片、大型计算机和电视的四大变革,互联网正在更多方面改变人们的生活。在互联网时代，最成功的品牌将是一种"交互性"的品牌、全新的品牌、独特的品牌和抓住时机的品牌。该书正是基于这一契机，用 11 条简练的法则指导每一家公司在网络时代应用网络来建立他们的品牌。"集中"经营的思想同样体现在该书的字里行间，充分反映了艾·里斯所提倡的适应环境变化的灵活性，而且也印证了理论是随着时间和环境的改变而不断发展变化的。当你的公司面临这样的变化时，如何在网络上打造具有竞争力的品牌？这是一本不可不看的新网络时代公司品牌建设的权威书籍。

艾·里斯和杰克·特劳特等作者的这套系列读物给人们带来了观念上的冲击、行为上的借鉴，我们真诚希望这套系列读物的出版能引起我国企业界和学术界的反思，以全新的视角思考中国企业的未来发展战略和市场定位，结合我国国情，创造性地吸引和运用艾·里斯、杰克·特劳特等的商业智慧和营销思想。事实上，尽管这套系列读物的案例主要来自美国公司，但其中的很多见解，无疑是值得我们借鉴的。

"运用之妙，存乎一心。"愿大家都成功。

王方华
2012 年 5 月 22 日于交大中院

THE 22 IMMUTABLE LAWS
OF MARKETING

前言

　　数以亿计的钱被浪费在根本不可能奏效的各种营销计划上，无论这些计划听起来是多么的完美，也无论它们有着多么充足的资金支持。

　　很多人认为，只要有好的计划，好的执行，再加上足够的资金支持，营销就必然能取得成功。但事实远非如此。只要看看IBM、通用汽车和西尔斯这些企业的例子，你就会明白这是为什么了。

　　西尔斯的营销措施可以说一直都很出色；负责通用汽车公司营销的经理们可能是这个行业中最优秀，也最聪明的精英。当然，像通用汽车和IBM这样最大最好的公司通常可以吸引那些最优秀、最聪明的人才。然而，真正的问题在于，这些公司的市场营销计划本身就建立在存在巨大漏洞的假设之上。

　　当被问及美国民众对大公司的看法时，约翰·肯尼斯·加尔布雷思说："我们畏惧这些公司的强大实力。"而今天，我们又为这些公司的虚弱无能而担心。

　　大部分公司都遇到了麻烦，特别是那些大公司。通用汽车公司就是一个绝好的例子。在过去十多年中，该公司因抹杀了旗下各品牌的独特性而损失惨重（它不仅让子品牌之间品牌外观相似，而且连价位也趋同）。为此，其市场占有率下降了 10 个百分点，相当于一年损失了 100 亿美元的销售收入。

尽管市场竞争日趋激烈，但通用汽车公司遇到的并非竞争问题；尽管它的产品质量肯定不能算最好，但它遇到的也不是质量问题。很明显，是营销环节出现了问题。

今天，企业一旦在营销上犯了错，它在竞争中的劣势就很快表现在经营业绩上。要重新抢回生意，只能寄希望于对手也犯错。

那么，怎样才能避免在一开始就犯错呢？最简单有效的办法就是确保你的营销计划符合营销定律。（尽管我们是在"市场营销"这个框架中来定义我们的各种观点和概念的，但其实无论你在企业里担任何职，也无论你的企业营销什么产品和服务，这些定律都同样行之有效。）

市场营销定律到底是什么呢？又是谁把他们从西奈山㊀的石碑上带了下来？本书所讲述的就是市场营销的基本定律。

但是，是谁在讲述这些定律呢？两个来自康涅狄格州的家伙又是怎样发现这些曾被千百万人忽略的定律的呢？市场营销这一行当中有大批的实战家和理论家，为什么他们都会忽视这些我们认为显而易见的东西呢？

其实答案很简单。就我们所知，几乎没有人愿意承认世界上存在市场营销定律，当然，更不会有人相信存在着永恒不变的定律。

既然世间存在自然定律，那么为什么不可以有市场营销定律

㊀ 西奈山又叫摩西山，位于西奈半岛中部，是基督教的圣山，基督徒称其为"神峰"。——译者注

呢？你可以制造一架外观非常豪华美观的飞机，但只有这架飞机的构造符合物理学原理，尤其是重力原理，它才能够在天空中遨游。你可以在沙滩上建造一个建筑奇观，但仅仅是一级飓风就可以使你的创造荡然无存。市场营销也是如此，如果你不懂得市场营销永恒不变的定律，那么无论你的计划有多出色，最终都只能是竹篮打水一场空。

也许不愿意承认有自己做不到的事情是人类的天性。所以，大多数的市场营销人员都相信，只要你精力充沛、有足够的创造力，或者是十分果敢，特别是你愿意花大把的钱，那么就没有你办不到的事。

不过，一旦你意识到可能存在市场营销定律，那么你就不难发现这些定律。事实上，它们显而易见。

25年来，我们一直在研究市场营销中有哪些做法是行之有效的，哪些又是无效的。我们发现，成功的市场营销计划总是与市场中的一些基本定律相符。

在我们的著作、文章、演讲和录像中，我们已经较为详细地分析了市场营销的定律。我们提出了市场营销本质的战略模式，包括有关人类心智的模式。我们曾经以"定位"这一概念推广上述模式，我们还提出了营销战战略模式。在市场营销竞争中，我们将各种公司和品牌的营销战略模式分为防御战、进攻战、侧翼战和游击战。

经过多年对市场营销法则和问题的研究，我们将自己的发现浓缩为能够决定市场竞争胜败的若干基本定律。

我们称它们为"市场营销永恒不变的定律"，共有22条。违背它们，你将自食其果。

定律 1

领 先 定 律
The Law of Leadership

**THE 22
IMMUTABLE LAWS
OF MARKETING**

成为第一胜过做得更好。在潜在顾客心智中先入为主，要比让顾客相信你的产品优于该领域的首创品牌容易得多。

很多人认为，市场营销的基本任务在于要让你的潜在顾客相信你可以提供更好的产品或服务。事实并非如此。如果你只占有很小的市场份额，并且不得不与更大、更有钱的对手竞争，那么你的营销战略可能在一开始就是错的，你违背了市场营销的第一条定律。

市场营销的关键点是：创造一个你能成为"第一"的新领域。这就是领先定律：成为第一胜过做得更好。在潜在顾客心智中先入为主，要比让顾客相信你的产品优于该领域的首创品牌容易得多。

问问自己下面这两个问题，你就会知道市场领先定律是多么正确：

（1）第一个独自飞越大西洋的人是谁？是查尔斯·林德博格。
（2）第二个独自飞越大西洋的人又是谁？不容易回答了吧。

第二个独自飞越大西洋的人是伯特·辛克勒。伯特是比查尔斯更出色的飞行员,他飞得更快,耗油也更少。然而,谁又听说过伯特·辛克勒这个名字呢?(他离开家以后,就连辛克勒夫人也再没有他的音讯了。)

尽管林德博格的做法有着明显的优越性,但是大多数企业还是走了伯特·辛克勒的道路。它们总是要等到市场成熟了以后再带着更好的产品进入市场,通常还以自己现成的企业名称命名该产品。在当今的竞争环境中延伸原有品牌名称的仿效产品几乎不可能成为一个利润丰厚的大品牌(定律12:延伸定律)。

在任何品类中,领先品牌必然是那些首先进入潜在顾客心智中的品牌。比如,在租车市场是赫兹,在计算机领域是IBM,而在可乐领域是可口可乐。

第二次世界大战以后,喜力是第一个在美国站稳脚跟的进口啤酒品牌。40年以后,销量第一的进口啤酒又是哪个品牌?是口感最好的啤酒,还是喜力啤酒?现在共有425个品牌的进口啤酒在美国销售,可以肯定,其中必有一种啤酒的口感要优于喜力,但这又有什么用呢?今天,喜力啤酒仍以30%的市场份额稳居进口啤酒销售第一的宝座。

米勒淡啤(Miller Lite)是美国国内第一个淡啤品牌。那么,当今美国销售第一的淡啤是哪个品牌呢?是口感最好的,还是先入为主的那个品牌?

有些第一无法成功

并不是所有第一都能稳操胜券。时机非常重要：你的"第一"也许来得太迟。例如，《今日美国》(USA Today)是美国第一份全国性的报纸，但它不大可能会取得成功。该报创刊至今，没有一年盈利，亏损达8亿美元。在当今这个电视时代，创办一份全国性报纸或许为时已晚。

有些"创造第一"的想法也许根本就是错误的，因此也不可能取得成功。冻爪（Frosty Paws，第一种狗食冰激凌）就是此类不成功的例子。虽然小狗喜欢吃这种冰激凌，但是，是它们的主人在为它们购买食物——他们认为小狗根本不需要有自己的冰激凌，舔舔盘子它们就已经心满意足了。

领先定律适用于任何产品、任何品牌、任何品类。例如，假设你过去并不知道在美国的第一所大学的名称，但只要用"最著名"替代"第一"，你就可以猜个八九不离十了。那么，在美国处于领先地位的大学是哪一所呢？可能大多数人都会说是哈佛大学，没错，它也是美国建立的第一所大学。[那么，在美国建立的第二所大学又是哪一所呢？是威廉和玛丽学院（College of William and Mary），它的名气仅比伯特·辛克勒稍响一点。]

世上没有哪两种产品会比双胞胎更为相似。不过，即使是双胞胎也总是抱怨说双胞胎中人们最先认识的那个通常会得到更多的宠爱，即使人们也认识另外一个。

人们总是倾向于保有已经得到的东西。即使你遇到了一个比自己的妻子或丈夫略好一点的人，也不值得以支付律师费、分割房产以及决定子女归属等为代价离婚。

市场领先定律同样也适用于期刊业。这也就是为什么《时代》(Time)会领先于《新闻周刊》(Newsweek)，《人物》(People)领先于《我们》(Us)，而《花花公子》(Playboy)领先于《阁楼》(Penthouse)。以《电视指南》(TV Guide)为例，早在20世纪50年代早期，当时实力强大的柯蒂斯出版公司（Curtis）试图创办一份预告电视节目的杂志，以期与刚创刊不久的《电视指南》相抗衡。《电视指南》最初并不畅销，而柯蒂斯出版公司实力雄厚，尽管如此，后者也仍未在此领域有所突破。

领先定律不仅适用于像大学和啤酒这样的软产品，同样也适用于汽车和计算机这样的硬产品。"吉普"(Jeep)是首款四轮驱动的越野汽车；讴歌（Acura）是第一款豪华日本车。IBM制造出了第一个主机电脑；Sun微系统则制造出第一个工作站。吉普、讴歌、IBM和Sun都是当今的领先品牌。

在中国市场上，茅台是第一种高档白酒，中华是第一种高档香烟，红牛是第一种能量饮料，王老吉是第一种凉茶，脉动是第一种维生素水，康师傅是第一种高档方便面和瓶装绿茶；金龙鱼是第一个调和油品牌，东方红是第一个拖拉机品牌。今天，这些品牌大部分仍然占据各自领域第一的位置。

克莱斯勒（Chrysler）推出了第一款厢式旅行车。现在，克莱斯勒在小轿车市场拥有10%的市场份额，而在厢式旅行车市场它的占有率达到了50%。现在你应该知道，在汽车营销领域哪个因素更为关键：是生产质量更好的汽车，还是首先进入这个市场？

第一台台式激光打印机是由惠普电脑公司推出的。如今，该公司在个人电脑市场中仅有5%的份额，却占据了45%的激光打印机市场。

吉列是第一个安全剃须刀品牌；汰渍是第一个洗衣粉品牌；海斯是一个电脑调制解调器品牌。它们都是各自品类中的领先品牌。

成为品类代名词

首创品牌通常能保持自己的领先地位。原因之一是它的名称往往就成了该品类的代名词。施乐（Xerox）是第一台普通纸复印机的名称。结果，它成了所有普通纸复印机的代名词。人们明明站在理光（Ricoh）、夏普（Sharp）或柯达（Kodak）复印机前，却会问："我怎样才能进行施乐式的复印？"纸箱上明明写着是斯科特（Scott）牌纸巾，但人们还是会说来一盒舒洁（Kleenex）。即使商店里摆放的都是百事可乐，但他们还是会给你来上一瓶可口可乐。

有多少人会说要些"透明胶带"，而不是"思高"（Scotch）？

没多少人。当品牌已成为某类产品的代表时，大多数人会使用品牌的名称，邦迪、吉露果冻等均是如此。有些人甚至会把品牌名称当作动词来使用，例如，"请把这个包裹联邦快递到太平洋沿岸某处"。如果你正在创建一个新品类的首个品牌，那么你最好挑选一个能够广为流传的名称，以便使之成为这个品类的代名词。（律师也许会有相反的建议，但是他们对于市场营销的定律又有多少了解呢？）

不仅是首创品牌通常成为领先者，紧跟其后进入市场的品牌销售量也通常与其进入市场的先后次序相符。布洛芬（Ibuprofen）市场就是个最好的例子。爱德唯（Advil）第一个进入市场，努普林（Nuprin）第二，梅迪普莱恩（Medipren）第三；这也恰好与它们目前销售量的排名相符。爱德唯占有布洛芬51%的市场份额，努普林是10%，而梅迪普莱恩则是1%。

第四个进入布洛芬市场的品牌是梅特林（Motrin IB）。尽管这个名称有力地表明它是一种"布洛芬"处方药，但它的市场占有率仅有15%。（在梅特林的宣传主题中，代言人宣称该药品与爱德唯的处方成分相同。）请注意，这里发生了品类替代。顾客把"爱德唯"当作了该品类的名称，他们很少用"布洛芬"这个词，甚至就连医生们也会说："先吃两粒爱德唯，明天再来找我。"

再看看泰诺（Tyenol），这是退热净产品的第一个品牌。泰诺的销售量远胜于同类产品，以致我们很难确定谁是第二品牌。

如果说成功的秘诀就在于率先进入潜在顾客的心智，那么大部分公司实际上采取了怎样的战略呢？是"做得更好"战略。今天，在企业管理领域，最新也最热门的话题就是标杆管理。标杆管理被标榜为"终极竞争战略"，实际上就是将本公司产品与该品类中最好的产品进行比较和评估。它是所谓"全面质量管理"过程的一个基本要素。

很不幸，标杆管理并没有奏效。无论产品质量究竟如何，人们总是把他们所说的第一个品牌视为最好的。所以，市场营销是一场认知的战争，而不是产品之争。

因此，只要用"领先"替代"第一"，你就能回答这三个问题了：阿司匹林的第一个品牌又是什么？第一个退热净的品牌是哪一个？又是哪个品牌率先推出了"布洛芬"？

嘉信理财（Charles Schwab）给自己贴上了"全美最大的贴现经纪商"的标签。那么，对于嘉信理财是贴现经纪业的查尔斯·林德博格（即"第一个"）这一点，你会感到奇怪吗？

尼尔·阿姆斯特朗（Neil Armstrong）是踏上月球的第一人，那么，第二个人是谁呢？

罗杰·班尼斯特（Roger Bannister）是第一个在4分钟内跑完1英里⊖的人，谁是第二人呢？

乔治·华盛顿（George Washington）是美国的第一任总统，第二任又是哪一位呢？

托马斯（Thomas）是第一个英国松饼品牌，第二个品牌叫

⊖ 1英里=1609.344米。

什么？

佳得乐（Gatorade）是第一种运动饮料，第二个品牌是谁呢？

如果你是第二个被潜在顾客知晓的品牌，那么是否你就注定像巴兹·奥尔德林（Buzz Aldrin）、约翰·兰迪（John Landy）、约翰·亚当斯（John Adams）、一些不知名的英国松饼以及一些不知名的运动饮料那样默默无闻呢？并不一定如此。幸好，还有其他定律可以助我们成功。

定律 2
品 类 定 律
The Law of the Category

THE 22
IMMUTABLE LAWS
OF MARKETING

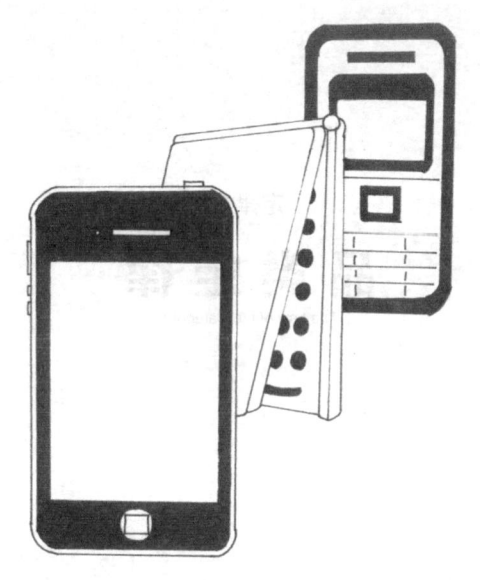

如果你不能第一个进入某个品类,那么就创造一个品类使自己成为第一。

第三个独自飞越大西洋的人是谁?

如果你不知道伯特·辛克勒是独自飞越大西洋的第二人,你可能会认为自己根本不知道第三人是谁。不,你听说过。她就是阿米莉亚·艾尔哈特(Amelia Earhart)。

阿米莉亚闻名于世是因为她是第三个独自飞越大西洋的人,还是因为她是第一个飞越大西洋的女性呢?

在喜力啤酒大获成功之后,安海斯-布希公司(Anheuser-Busch)的经理也许认为:"我们也该引进进口啤酒。"但他们没有这么说。相反,他们说:"如果高价进口啤酒有市场,那么高价国产啤酒也可能有市场。"于是,他们开始力推米克劳酒,第一种高价国产啤酒(Michelob)。如今其销售量是喜力的两倍。[实际上,安海斯-布希公司也曾引进过进口啤酒,即嘉士伯(Carlsberg),这是在欧洲享有盛誉的啤酒。然而在美国,被视为模仿者的嘉士伯却始终无法打开销路。]

米勒淡啤是美国第一种国产淡啤。进口商在该产品问世五年之后才推断:"如果国产淡啤有销路,那么进口淡啤也一定有自己的市场。"结果,阿米斯特淡啤(Amestel Light)被引入美国市场,成为销量最大的进口淡啤。

如果你无法以第一的身份进入潜在顾客的心智,你也不要灰心,去寻找一个你能率先进入的新品类。这并没有你想象中那样难。

自从IBM在计算机领域获得巨大的成功后,许多公司以及IBM的兄弟公司都蜂拥而至,如伯勒斯(Burroughs)、控制数据公司(Control Data)、通用电气公司、霍尼韦尔(Honeywell)、NCA、RCA、佩斯里(Sperry),IBM公司和这些公司一起被称为"白雪公主和七个小矮人"。

这些小矮人中有哪一个成长为世界级、拥有12.6万名雇员、销售额达140亿美元的"世界第二大计算机公司"呢?谁都没有。20世纪七八十年代,在IBM之后最成功的计算机公司就是数字设备公司(DEC)。IBM是第一个进入计算机领域的公司,而DEC则率先进入了微型计算机领域。

许多计算机公司(及其他具有创业精神的所有者)都因遵循了这条简单的定律而变得富有而闻名。这条定律就是:如果你不能第一个进入某个品类,那么就创造一个品类使自己成为第一。

中国橙汁饮料市场的例子很好地说明了这一定律:汇源成为高浓度果汁的第一品牌之后,鲜橙多开创了低浓度果汁品类,并成为该品类第一；酷儿开创了儿童低浓度果汁品类；美汁源则开创了果肉果汁（果粒橙）品类，成为该品类第一。当无法成为第一的时候，这些品牌都采用开创一个新品类的策略并获得了成功。

天腾公司（Tandem）首创容错计算机，建立起了价值19亿美元的企业。于是，斯特拉斯特（Stratus）退而成了微型容错计算机领域的第一，如今其身价为5亿美元。

市场营销定律非常复杂吗？不，它们相当简单。然而，在实践中运用又是另一回事。

克雷公司（Cray Research）凭借首创超级计算机而成为顶尖的计算机公司。如今，克雷是一家身价8亿美元的公司。因而，康维克斯公司（Convex）将上述两种计算机的特性合并，开发了第一台微型超级计算机。如今，它的公司价值已达两亿美元。

有时候，你可以通过创造一个新品类而使一个跟随型的公司成为最后的赢家。科莫多公司（Commodore）原先只是一家没有什么前途的家庭个人电脑制造商，但当它将其产品阿米加（Amiga）定位为第一台多媒体计算机后，情况有了改观。如今，科莫多的阿米加已大获成功，每年的销售额达5亿多美元。

要成为"第一"，有很多不同的方式。戴尔跻身竞争激烈的个人电脑领域，它是第一家直销计算机公司。今天，戴尔是一个价值9亿美元的公司。

当你开发一个新产品的时候，你首先要问自己的并不是"与竞争对手相比,这个新产品有哪些优势",而是"这个产品能在哪个品类成为第一"。换句话说,这个新产品可以最先进入哪个品类?

嘉信理财并没有建立一个更好的经纪公司,而是开设了第一家贴现经纪公司。

《利尔》(*Lear's*)并不是第一本女性杂志,但它是第一本专为40岁以上成熟女性准备的杂志。(杂志的对象并不是那些昨天刚刚出生的小女孩。)

上述策略是与传统的市场营销观念相对立的。传统的市场营销思想是以品牌为导向的:我如何才能让人们接受我的品牌呢?忘掉品牌吧,请好好考虑一下品类。潜在顾客总是坚持使用自己所喜爱的品牌,每个人都会津津乐道于为什么自己用的品牌比别人的要好。但是当出现新的品类时,人们总是愿意试一试。几乎每个人都会对新品类产生兴趣,很少有人会对更好的产品产生兴趣。

当你是率先进入某个品类的公司时,你就要尽力推动这个品类的发展。实际上,在当时你并没有竞争对手。DEC告诉自己的潜在顾客为什么他们应该买一台微型计算机,而不是DEC的微型计算机。

在早些时候,赫兹宣传租车服务的好处,而可口可乐宣传"清新醒脑"。这两家公司的市场营销项目在当时要比其他公司见效。

定律 3

心 智 定 律
The Law of the Mind

**THE 22
IMMUTABLE LAWS
OF MARKETING**

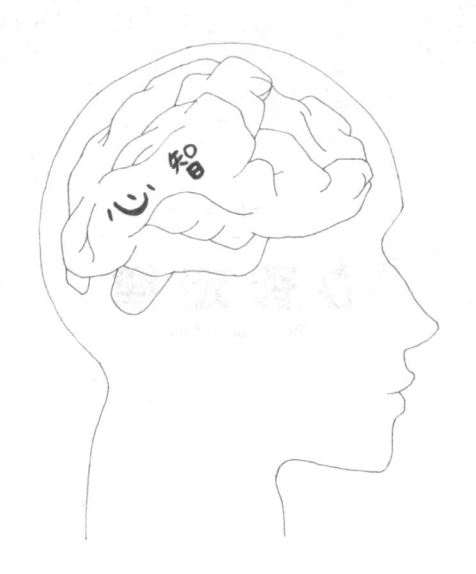

市场营销是一场争夺认知而不是产品的战争,在进入市场之前应该率先进入心智。

定律3 心智定律

世界上第一台个人电脑是MITS牛郎星8800。按照领先定律，似乎MITS牛郎星8800（一个不幸被选用的名称）应该是个人电脑的第一品牌。不幸的是，这一品牌早已不复存在。

杜蒙（Du Mont）发明了第一台商用电视机，杜里埃制造了第一辆汽车，赫尔利（Hurley）生产了第一台洗衣机，然而这些品牌如今均已销声匿迹。

难道是领先定律有什么问题吗？不，而是心智定律对此进行了补充说明。抢先进入顾客心智要胜于抢先进入市场。

例如，IBM并不是第一家进入计算机主机市场的公司，雷明顿·蓝德才是第一个品牌，它的产品叫作"通用自动电子计算机"（UNIVAC）。但是受益于大量的营销努力，IBM率先让顾客记住了自己的名称，并且在早期的计算机市场中赢得了胜利。

心智定律源于认知定律。如果市场营销是一场争夺认知而不是产品的战争，那么在进入市场之前应该率先进入心智。

每年都有成千上万的"有前途"的企业家因为无法正确领会

和运用这条法则而遭遇失败。有人拥有一些将使整个行业发生变革的想法或概念，也许它们确实能够被实现，但问题在于如何才能让这些想法或概念植入潜在顾客的心智中。

典型的例子是喜之郎。喜之郎并非国内第一个果冻品牌，在喜之郎之前，金娃等品牌已经率先进入市场。但从全国来看，顾客心智中并没有一个公认的果冻品牌。也就是说，首先进入市场的果冻品牌并未进入顾客心智。于是，喜之郎依靠突出的形象，并率先在CCTV等全国性大众媒体上展开广告传播，成功抢占顾客心智，从而收获了果冻市场50%以上的份额。

后来，喜之郎公司又故技重演，推出了美好时光海苔，试图抢占方便海苔品类的心智空白。然而，不同的是，在顾客心智中方便海苔品类已经有波力等品牌先入为主，因此美好时光必然无法取得预期效果。

统一与康师傅方便面在中国大陆市场竞争的实质就是一场先入为主的战争，康师傅进入中国大陆市场之前在中国台湾默默无闻，统一则是中国台湾食品饮料领域的领导者。

资金是解决这个问题的传统方法。也就是说，要花钱设计和生产产品或建立服务团队，花钱召开新闻发布会、参加贸易展销会、进行广告宣传或通过直接邮寄宣传品进行营销（定律22：资源定律）。

遗憾的是，这会使人们认为解决所有营销问题的途径都只有一个，那就是资金。事实并非如此。人们在市场营销方面浪费的金钱要比其他任何人类活动（当然，政府行为除外）都多得多。

某种认知一旦形成，你就很难再改变它。这就如同正面进攻已经牢固设防的敌人一样艰难。1854年，在克里米亚战争中的巴拉克拉瓦发动的轻步兵旅进攻就是历史上著名的战例，紧随其后的战例就是皮克特（Pickett）在葛底斯堡的惨败。

王安公司（Wang）是第一家生产文字处理机的公司。但是文字处理机不久便被淘汰，取而代之的是计算机。然而，王安公司没能及时适应这一转变。尽管王安公司投入了巨额资金来推广自己的个人电脑和微型计算机，但它仍然被视为一家生产文字处理机的公司。

施乐是首家进入复印机市场的公司，随后它试图进入计算机市场。经过25年的尝试，累计投入20亿美元之后，施乐在计算机领域仍然一无所获。

如果你想改变电脑里的信息，你只须输入或者删除一些信息即可。如果你想要改变人们心智中的某些认知，最好别动这个念头。认知一旦形成，几乎无法改变。在市场营销中最为徒劳的就是试图改变人们的认知。

这就是为什么一个好概念几乎可以马上在人们心智中生根的原因。也许今天你还不曾听说某人，可能明天他就已成名了，这种"一夜成名"并非反常现象。

如果你希望给别人留下一个深刻的印象，那么你就不能花费时间逐渐地影响别人以博得人们的好感。认知并不是那样形成的，你必须用暴风骤雨的方式迅速进入人们的头脑。

你之所以应该采取迅猛而非渐进的方式，原因在于人们不会改变他们固有的认知。一旦他们形成对你的某种看法，一切就已经决定。你在人们心目中就永远是某一种人，而不可能变成另一种人。

康师傅率先进入大陆市场并推出了高档方便面，当统一也在大陆市场推出方便面的时候，康师傅已经先入为主。因此造成在大陆市场上，实力更强大的统一在方便面领域一直落后于康师傅。之后，康师傅又抢先推出瓶装绿茶、冰红茶等产品，这些产品的市场份额也都无一例外地领先于统一。统一唯一的翻身机会在于率先推出了低浓度果汁"鲜橙多"，"心智定律"再次产生作用，康师傅跟进推出的低浓度果汁品牌"鲜的每日C"则远远落后于"鲜橙多"。

市场营销中另一个神奇的现象是金钱的作用。前一天区区几美元可以创造奇迹，第二天千百万美元也不能挽救一家走下坡路的公司。当你用清醒、开阔的头脑来思考问题时，就可以做到花小钱办大事。苹果公司就是靠迈克·马库拉捐赠的9.1万美元在计算机行业发家的。

苹果计算机能够被潜在顾客记住，得益于它简单易记的名称。相反，它的竞争对手的名称又复杂又难记。在早期的计算机市场上，共有五种品牌，它们分别是：苹果Ⅱ、科莫多宠物（Commodore Pet）、IMSAI8080、MITS牛郎星8800和雷沙TRS-80（Radio Shark TRS-80）。自问一下，哪个名称最简单，最容易被记住？

作为凉茶品类的开创者，王老吉品类已经成为顾客心智中凉茶品类的代表。因此，当广药收回王老吉品牌之后，加多宝投入了上百亿的广告费用传播自己的品牌，然而，尽管广告帮助加多宝迅速建立起了知名度，但仍然无法撼动王老吉在顾客心智中作为凉茶品类代表的地位，长期来看，心智决定市场，心智地位将决定王老吉品牌的市场地位。

定律 4

认知定律
The Law of Perception

**THE 22
IMMUTABLE LAWS
OF MARKETING**

市场营销领域并不存在客观现实性,也不存在事实,更不存在最好的产品。存在的只是顾客或潜在顾客心智中的认知。只有这种认知才是事实,其他的都是幻觉。

许多人认为市场营销是一场产品之争。他们认为，从长远来看，最好的产品终将胜出。

市场营销人员热衷于市场研究并"得到事实"。他们对市场进行分析，以确保自己掌握事实。当他们确信自己拥有最好的产品，而好产品终将胜出后，他们便信心百倍地投入市场竞争中。

然而，这只是一种幻觉。市场营销领域并不存在客观现实性，也不存在事实，更不存在最好的产品，存在的只是顾客或潜在顾客心智中的认知。只有这种认知才是事实，其他的都是幻觉。

所有的真理都是相对的，相对于你的想法或其他人的想法。当你在说"我是正确的，旁边那个人是错误的"时，实际上你是在说你的认知能力要比那个人强。

大多数人都认为自己的认知能力比别人强。他们认为自己总是正确的，自己的认知要比邻居或朋友的更精确。事实和认知这时已在头脑中混淆，两者并没有什么区别。

人们很难理解上述情形。为了应对我们每个人都是孤独地在宇宙生存这个可怕的事实，人们常将自己投身于外部世界。他们"生活"在书籍、电影、电视、报纸和杂志的世界中，他们"属于"俱乐部、组织和机构。这些世界的外部表现看上去要比人们心灵深处的现实更加真实。

人们固守着这样一个信念，即事实就是心智外部的世界，个人只是地球上的一粒尘埃。事实恰好相反。你唯一能确信的事实就是你自己的认知。如果宇宙是存在的，那么它既在你的心智中，也在其他人的心智中。这就是市场营销计划必须面对的现实。

外面的世界可能有海洋、河流、城市、乡村、树木和房屋，但是要认知这些事物，除了我们自己的认知之外别无他法。市场营销就是对这些认知的掌控。

大多数错误的市场营销都源于这样一个假设：我们是在进行以客观事实为基础的产品竞争。在这本书中提到的所有定律都是从与此相反的观点衍生而来的。

被某些市场营销人员视为市场营销自然规律的东西，则基于这样一个错误的假设，即产品才是市场营销中的主角，只有产品的优劣才能决定最终的胜负。这就是为什么那些看似自然的、合乎逻辑的营销方式无一例外都失败了的原因。

只有研究了认知如何在人们心智中形成，并且将你的市场营销计划重点放在顾客的认知上，你才能够克服自己基本不正确的营销本能。

我们每一个人（制造商、分销商、经销商、潜在顾客和顾客）都是通过自己的眼睛来观察这个世界的。如果存在客观事实，我们如何才能了解它？有谁会去衡量它？只可能是另一个人通过另一双不同的眼睛来观察同样的场景。

事实只不过就是某位专家的认知。那么，谁是专家呢？专家只是被别人所认可为专家的某个人。

如果事实是如此虚幻，那么为什么在市场营销中有这么多有关所谓的事实的讨论？为什么有如此之多的市场营销决策都基于对事实的比较？为什么有这么多的市场营销人员认为自己掌握了事实，并且他们的任务就是将真理作为武器去纠正潜在顾客心智中不正确的认知呢？

营销人员关注事实，因为他们相信存在客观现实。对营销人员而言，也很容易假定真理在自己一方。如果你认为自己需要最好的产品才能赢得营销战，那么你很容易就会相信自己拥有最好的产品。所有这些都只须稍微修正一下你自己的认知。

改变潜在顾客的认知是另一回事。顾客或者潜在顾客的心智是很难改变的，稍微有一点对某种产品的经验，顾客就会认为自己是正确的。人们头脑中的认知往往被当作普遍的真理。人们几乎不会承认自己会犯错，至少他们认为自己的思想或者认知总是正确的。

如果从相距较远的不同市场比较同一种产品的销售情况，我们就很容易看到认知的力量要远胜于产品本身。例如，在美国，销量最好的三大日本进口车品牌分别是本田、丰田和日产。大多数营销人员认为，这三种品牌之间的竞争将围绕着质量、款式、马力和价格等方面展开。事实并非如此。最终决定哪个品牌将会胜出的是人们对本田、丰田和日产的认知。市场营销是一场各种认知之间的较量。

日本汽车生产商在美国和日本销售同样的汽车。如果说市场营销是一场产品之间的较量，那么你会认为这两个国家的日本汽车销售排名应该是相同的。毕竟，无论是在日本还是在美国，每种品牌的汽车质量、款式、马力甚至价格都是相同的。但是，在日本，本田车与领先者角色无缘，它只是排名第3位的品牌，位居丰田和日产之后。在美国，丰田车的销量是本田车的4倍之多。

中国类似的例子是：在国内大部分地区，张裕干红以"百年张裕"历史资源建立起了"国产高档干红"的认知。但在广东地区，由于张裕低端白兰地在该地区有较长的销售历史、较高知名度和市场占有率，因此张裕品牌却更多地代表低端白兰地。这种认知也影响了张裕高端干红在该区域的销售。

那么，日本本田和美国本田究竟有什么区别呢？汽车还是同样的汽车，只是两国顾客对它的认知不同。

如果你告诉在纽约的朋友你买了一辆本田，他们可能会问你:"你买了哪一款?思域(Civic)、雅阁(Accord)还是序曲(Prelude)?"如果你告诉在东京的朋友你买了一辆本田,他们可能就会问:"你买的是哪个型号的摩托车?"在日本,顾客认为本田是一家摩托车生产商,显然,很少有人会想从一家摩托车公司那里买一辆汽车。

我们不妨设想一下,如果哈雷公司(Harley-Davidson)推出哈雷牌汽车,它会成功吗?你可能会觉得这应该取决于汽车的质量、款式、马力和定价。你甚至会相信哈雷公司的质量信誉会增加其获得成功的砝码。我们并不这样认为。人们对它作为一个摩托车公司的认知会破坏他们对哈雷牌汽车的认知——无论这种车有多棒都没有用(定律12:延伸定律)。

为什么金宝汤料(Campbell)在美国是位居第一的品牌,而在英国却默默无闻?又为什么亨氏汤料在英国销量第一,而到了美国却遭遇惨败?答案还是在于市场营销是一场认知的较量,而非产品的较量。营销就是处理这些认知的过程。

一些软饮料公司的营销人员相信市场营销是口味之争。那么,新可乐的味道第一(可口可乐公司进行了20万次的口味测试,最后"证明"新可乐的味道要优于百事可乐,而百事可乐的味道又比经典可乐的原始配方要好)。但是,谁会赢得这场营销战呢?结果,被研究证明口味最佳的新可乐销量排名第三,而研究表明口味最差的经典可乐则销量第一。

历史总在不断地重演。可口可乐和百事可乐所做的测试,中国的非常可乐也做过。非常可乐也曾经宣称:经过上千次配方改进,测试证明非常可乐更适合中国人的口味。同样,非常可乐更好的口味还是无法阻挡可口可乐和百事可乐在中国市场取得成功。

人们总是相信自己愿意相信的东西。人们也总是品尝那些自己愿意品尝的食物。所以,软饮料的市场营销是一场认知的竞争,而不是口味之争。

令这市场竞争变得更复杂的因素是,顾客通常会根据大众的认知来做购买决定。人们常基于他人对现实的看法来做购买决定,而不是自己的看法。这就是"从众效应"。

众所周知,日本车的质量比美国车好得多。所以当人们决定购买汽车时,是基于这样一个事实:人人都知道日本车的质量更好。如果你问购买者是否有这方面的亲身体会时,大多数人会告诉你"没有"。更常见的情况是,他们会曲解自己的经验以符合他们的认知。

如果你曾有过使用日本车的糟糕的个人经验,那么你是不幸的,因为众所周知日本车的质量更好。相反,如果你曾有过使用美国车的愉快经历,那么你十分幸运,因为众所周知美国车的质量都不怎么好。

大家都听说过奥迪汽车曾经历过的麻烦。1986 年 11 月 23 日,哥伦比亚广播公司(CBS)曾在一档长 60 分钟、名为"失控"的专题节目中提醒人们注意有数起用户抱怨奥迪车的暴冲问题（即意外突然加速）。奥迪车在美国的销量从此跌至谷底：从1986年的年销6万辆降到1991年的年销1.2万辆。但是你在试开奥迪车的时候，是否确实遇到过暴冲问题呢？可能性很小。每个单独测试过奥迪车的专家都没有重复过这种抱怨。然而，人们却无法忘掉对奥迪车的糟糕印象。

不久前，奥迪公司做了一则广告，将自己的汽车与梅赛德斯－奔驰和宝马的同类产品进行比较。广告上说，德国的汽车专家对奥迪车的评价要优于梅赛德斯和宝马。

你会相信这则广告吗？也许不会。这是事实吗？这又有什么关系呢？

记住，市场营销不是产品之争，而是认知之争。

定律 5

聚 焦 定 律
The Law of Focus

**THE 22
IMMUTABLE LAWS
OF MARKETING**

市场营销的要点就是要聚焦。收缩经营范围将使你强大，追逐所有目标将使你一事无成。

定律 5　聚焦定律

如果一家公司能够在潜在顾客心智中占据一个词，那么这家公司必定会成功。这个词不需要很复杂，也无须去生造。那些简单的、可以直接从字典里查到的最好。

这就是聚焦定律。通过把焦点聚集在一个简单的词语或概念上，你就能使自己的产品迅速深入潜在顾客心智中。这也是在市场营销中所能做出的最大牺牲。

联邦快递（Federal Express）让它的潜在顾客记住了"隔夜送达"这个词，因为它牺牲了其他服务类型，而将全部精力放在了隔夜送达的包裹快递服务身上。

从某种角度来说，领先定律（"成为第一胜过做得更好"）令各品类内的第一个品牌或公司在潜在顾客心智中占据了一个词，但是领先者所拥有的代名词是如此简单，以至于它似乎是无形的。

领先者拥有代表某类产品的概念。例如，IBM占据的词是"计算机"。这也正说明了品牌变成了一个品类的代名词。如果有人说"我们需要一台IBM",有谁会怀疑他们要的不是一台计算机呢?

你可以通过概念关联测试来检验品牌的领先性。如果给出的词是计算机、复印机、巧克力和可乐,那么四个最有关联的词就是IBM、施乐、好时(Hershey's)和可口可乐。

精明的领先者会进一步巩固其领导者地位。亨氏(Heinz)占据"番茄酱"这个词,但是它进一步将番茄酱最重要的特征突显出来。"西方最稠的番茄酱"这一口号使公司抢先利用了"稠"这一特征。占据"稠"这个词使亨氏占有50%的市场份额。

如果你不是一个领先者,你的品牌也应该集中于某一点。更为重要的是,你的概念应该属于这个品类,还必须尚未被其他品牌占据。

即使你没有语言天赋,你也可以找到一个可以制胜的词。普雷格(Prego)借用了亨氏的创意,在意大利面条调料市场上与领先者拉古(Ragu)展开了竞争,并占有了27%的市场份额。普雷格所占据的词是"更浓"。

光环效应

简洁、能体现优势的词语最有效。不管这个产品是多么复杂,也不管市场需求是多么变幻莫测,聚焦于一个词或一种优势总比有两个、三个甚至四个词或优势更强。

在实践中,还存在一种光环效应。如果你牢牢地建立了一种优势,那么你的潜在顾客可能会赋予你更多的优势。一种"更浓"的意大利面条调料也就意味着这种调料质量好、营养多且价值高等,一辆"更安全"的汽车意味着有更好的设计和制造。

无论这是否是精心设计的营销计划的结果,大部分取得成功的公司(或品牌)都是那些在潜在顾客心智中"占据了一个词"的公司(或品牌)。(某些词是不值得拥有的,如大众汽车的"旅途最舒适"。)下面是几个很好的例子:

佳洁士——防蛀

奔驰——工艺精良

宝马——驱动力

沃尔沃——安全

达美乐(Domino's)——宅送比萨

百事可乐——年轻

诺德斯特龙(Nordstrom)——服务

可占据的词也分不同的类型。它们可能与用途有关(防蛀)、与服务项目有关(送货上门)、与销售对象有关(年轻人)或是与销售有关(招人喜爱的品牌)。

值得一提的是,在美国市场上,佳洁士以聚焦"防蛀"概念而成为第一。但在进入中国市场之初,佳洁士因担心"防蛀"市场有限,转而宣传口气清新、美白等概念,被一直处于第二的老对手高露洁抓住机会,抢先宣传"防蛀"概念。等佳洁士重新聚焦于"防蛀"之时,高露洁已经先入为主,成为"防蛀"牙膏的代名词。

对中国市场的研究表明,大部分购买高露洁的顾客,其真正的目的并非"防止蛀牙",而是高露洁聚焦宣传"防止蛀牙"使得顾客认为这个品牌更专业、更科学,其产品能更好地保护牙齿。这就是"光环效应"的体现。

尽管我们一直在强调应该将一个词植入潜在顾客心智中,但是任何事情都不会是永恒的。总有那么一天,公司必须要更换自己所占据的词。这并不是一件容易的事。莲花发展公司(Lotus Development Corporation)最近的经历表明了这个问题的实质。

多年来,莲花公司一直拥有"扩展表"这个词。"莲花公司"就等同于"1-2-3"和"扩展表"。但是扩展表市场的竞争愈发激烈,其成长的潜在空间也变得十分有限。与其他公司一样,莲花公司也想继续发展,那么,它如何才能改变自己经营单一产品的局面呢?

传统的做法是向着所有的方向迈进,就像IBM和微软所做的那样。而实际上,莲花公司只是在传统的产品线上进行了扩张,它购买了Ami Pro文字处理软件,并引入了一些新的软件产品。接着,莲花公司进行重组,将焦点集中在一个被称为"群组软件"

的概念上，这是一个适用于联网个人电脑的软件产品。

莲花公司是第一个成功推出群组软件产品的软件公司。如果进展顺利的话，该公司最终会在潜在顾客心智中占据第二个词。

与微软公司不同，莲花公司现在有了一个全公司都关注的焦点。所有这些都不会在一夜之间发生，但在软件领域莲花公司终会长期占据一个强有力的地位。就像"隔夜送达"和"安全"能给联邦快递与沃尔沃带来利益一样，"群组软件"也将有力地促进莲花公司的发展。

你不能将其他公司的词据为己有。莲花公司的战略能够行之有效，是因为"群组软件"这个词尚未被其他公司占据。而且，网络计算机行业还有着巨大的发展潜力。（有超过半数的计算机企业都与网络相连，甚至还有一本杂志取名为《网络计算》。）很多公司都发现了占据一个独特的词或概念（通常被称为"公司理念"）的优越性，但是它们忽视了要抢先占有的重要性。

在市场营销中徒劳的做法是，放弃你自己已占据的词，转而寻找一个已为他人所拥有的概念。阿塔瑞（Atari）就是这样一个例子。阿塔瑞公司曾经拥有"电子游戏机"这个代词，但是，这一领域只不过是短暂流行的时尚而已。因此在1982年，该公司开始在一个新领域另起炉灶，试图让"阿塔瑞"品牌能够成为"计算机"的代名词。其首席执行官詹姆斯·摩根（James

Morgan）指出："阿塔瑞这个名称是该产品的优势，但也将成为它的劣势。因为它是电子游戏机的同义词。阿塔瑞必须重新定义其形象，并将其企业定位扩展到电子消费产品领域。"

摩根先生的战略是不幸的，因为许多其他公司，包括像苹果和IBM这样的大公司，已率先拥有了它们所选择的词。阿塔瑞的多元化经营成了一场灾难。但是，真正具有讽刺意味的是，另一家公司于1986年进入了电子游戏行业，并接过了阿塔瑞弃之不用的概念。这个公司就是任天堂，如今它已拥有数十亿美元市场的75%份额。有谁知道阿塔瑞现在在哪里呢？

市场营销的要点就是要聚焦。你收缩经营范围将使你强大，追逐所有目标将使你一事无成。

错误的聚焦

有的公司意识到了聚焦的必要性，却以自我毁灭的方式去实现这一战略。"我们将集中生产高质量产品，我们不会生产只重价格的低质量产品。"问题是，除非你像梅赛德斯－奔驰或宝马一样，坚持只生产高价产品，否则顾客是不会相信你的。

通用汽车曾经试图生产各种价位的高质量汽车。"将高质量的车开上公路"是该公司最新的口号。每一个通用汽车的产品都有"优质标记"。猜猜看，福特公司的员工在做些什么？他们在做同样的事情。福特的广告说："质量第一。"而在克莱斯勒公司，李·艾柯卡（Lee Iacocca）宣称："我们并不想当最大，而只想做最好。"（有谁会真的相信艾柯卡不想成为最大？）

以全面的高品质发展成为大公司，在公司内部，这是一种振奋人心的说法，也是经销商会议上一个完美的主题，如果再伴以鼓乐与舞蹈就更完美了。然而一旦出了公司，这个说法就无法打动人了。试问，有哪家公司会公然宣称自己的产品质量不好？没有。每家公司都会认为自己代表着高品质，结果是谁都无法代表。

你不能将焦点集中在质量或是诸如此类不存在对立面的概念上。你不能标榜自己是一个诚实的政治家，因为没有人愿意站在你的对立面（尽管有众多潜在的候选人）。然而，你可以将自己定位为支持资方或支持劳方的候选人，这样你会很快被接受，因为总是有人会支持其中一方。

当你在找一个可以聚焦的词或概念时，你要做好应付律师的准备，他们会建议对你公布的一切进行品牌注册。问题在于，让别人也能使用你所占据的词其实是很关键的。（作为一个领先者，你必须有自己的追随者。）如果有另一家公司也进入群组软件行业，那么这将有利于莲花公司的发展。因为这将使这个品类的产品变得更重要，人们也会对莲花公司的领先地位更加印象深刻。

一旦你有了自己的概念，你就不得不倾全力保护它在市场上的地位。宝马的案例非常好地诠释了这一点。多年来，宝马汽车一直以最强的驱动力而著称。于是,该公司决定扩展其产品线,以700系列豪华房车来追赶梅赛德斯-奔驰。问题是,一间在轮子上的起居室怎么会是一个驱动力强大的机器呢?你不仅看不到继续前进的道路,而且还会碾碎所有属于你的驱动力产品的标志。

结果,宝马开始走下坡路。幸运的是,最近它又开始推出新的小型宝马车,重新强调"强大的驱动力"。该公司又找回了自己的焦点。

在吸油烟机市场上,老板和方太两个领先品牌的竞争长期处于胶着状态,无法拉开差距。后来,老板通过对消费者的研究,找到了一个对于吸油烟机品类而言至关重要,对于消费者而言极其关注的词"大吸力",并以此展开营销和传播。

尽管后来,包括西门子在内的几乎所有的主流品牌都开始传播"大吸力",但其作用只在于强化了老板对"大吸力"的专有性。

这个战略取得了空前的成功,老板打破了长期胶着的竞争僵局,成功拉开了与对手的差距。

聚焦定律不仅适用于任何正在销售的产品,甚至还适用于你还没销售的那些物品。以反毒品为例,电视和杂志中的反毒品运动缺乏一个焦点,目前还没有一个词能够深入吸毒者心智中,使他们不再贩卖毒品这个概念。尽管如此,反对毒品的广告还是无处不在。

你可能会想,反毒品人士(毕竟他们是专业人士)可以向那些围绕堕胎问题争论不休的业余人士借鉴些经验。堕胎问题的双方都将焦点聚集于简单却有震撼力的词语:重视生命与重视选择。

反毒品人士应该采取同样的方法:将焦点聚集于一个简单而有震撼力的词语。这场运动应该做的是使毒品像现在的香烟那样不容于整个社会。有一个词可以做到这一点,这是一个让人感觉极其糟糕的词:失败者。由于吸食毒品会让人失去很多东西(工作、家庭、自尊、自由和生命),所以"毒品是为失败者准备的"这样一个方案可能会对吸毒者形成强烈的冲击,尤其是对于消遣型吸毒者而言更是如此,这些人更看重自己的社会地位而不是毒品带来的兴奋感。

聚焦,这一营销定律,可以帮助解决吸毒这一个重大的社会问题。

定律 6

专 有 定 律
The Law of Exclusivity

**THE 22
IMMUTABLE LAWS
OF MARKETING**

定律 6 专有定律

当你的竞争对手已经在潜在顾客心智中占据一个词或定位时，你若再想占据同一个词，将是徒劳无益的。

当你的竞争对手已经在潜在顾客心智中占据一个词或定位时，你若再想占据同一个词，将是徒劳无益的。

正如我们早先提到过的那样，沃尔沃占据了"安全"这个词。包括梅赛德斯－奔驰和通用汽车在内的许多其他汽车公司，也曾试着开展以安全为主题的市场营销活动，但是，除了沃尔沃之外，没有一家公司能够让"安全"这个概念进入潜在顾客心智中。

阿塔瑞的案例告诉我们，无奈的是，家用电脑市场已经属于苹果及Commodore等公司了。试图与已牢牢占据市场的竞争对手争夺家用电脑市场也是徒劳的。实际上，该公司本可以以开创者的身份和形象，成功地开发游戏电脑市场。

尽管已有众多惨痛的教训，但是许多公司仍然在继续违背专有定律。人们心智中的认知一旦形成，你就不可能去改变它。事实上，你通常在做的只是通过使这一概念变得更重要而强化了竞争对手的心智地位。

联邦快递已经放弃了"隔夜送达"这个口号,目前正试图从敦豪快运(DHL)那里夺走"全球送达"的概念。"次日送达信件"的文字曾被印制在联邦快递公司的信封上,而现在你在信封上看到的是"联邦快递信件"的文样。该公司的广告也不再宣扬"信件绝对会被隔夜送达"。近来出现在联邦快递公司广告中的词语是"全球送达"。

由此引发了一个非常重要的问题:联邦快递能够占据"全球送达"这个概念吗?大概不能。别的快运已经占据它了,这个公司就是敦豪快运。敦豪快运的理念就是更迅速地到达更多的国家。联邦快递要想成功,就必须设法找到一个更精准的焦点,与敦豪快运对立,而不能重复使用别人已经深入人心的口号。

另一个希望通过大量的营销努力来拥有别人概念的案例发生在电池市场。具体来说,就是以粉红色小兔子为标志的劲量电池试图抢走金霸王(Duracell)已经占据的"耐用"。无论永备公司(Eveready)投入多少精力进行大量宣传,金霸王始终代表着"经久耐用"。因为金霸王首先进入了顾客心智中,并抢先占据了这个概念。就连"持久"(Dura)这个属于其品牌(Duracell)一部分的词也能传递出这样的信息。

金龙鱼因开创了调和油品类而成为中国食用油的领导品牌,因此金龙鱼成了"调和油"的代名词。随着市场的发展,新的单一油种不断兴起,金龙鱼品牌开始推出花生油、葵花籽油、菜籽油、茶籽油、玉米油等多个品类产品。但在这些品类中，鲁花已经代表花生油，多力已经代表葵花籽油，金龙鱼不但无法将已经被以上专家品牌占据的概念占为己有，还面临"调和油"的认知被稀释甚至最后沦为混沌品牌的危险。

经常把营销人员引入这种死胡同的不是别人，恰恰是那些所谓的卓越研究者。各公司雇用大批的研究人员，这些人员组成专门的团队，设计了各种问卷调查表，其结果是得到了数磅重的列满了顾客对产品或服务期望和需求的研究报告。当然，顾客需要什么，公司就应当提供什么。

人们在用电池时最大的问题是什么？是在关键时刻没有电。所以，电池第一位的特性应该是什么？当然是经久耐用。如果经久耐用就是人们对电池的要求，那么我们就应该在做广告时强调这一点。这样做对吗？错。

研究人员从未告诉你的是其他品牌已经率先在顾客心智中占据了这个概念。他们只会鼓励你进行大规模的营销活动。他们的理论就是，如果你花了足够多的钱，你就能占据这个概念。这个理论对吗？错。

几年前，汉堡王（Burger King）就开始走下坡路，而且至今没有恢复元气。一项市场研究表明，快餐最受人们欢迎的特征就是"快"（这丝毫不奇怪）。所以，汉堡王做了大多数雄心勃勃的营销者都会做的事。它跑到自己的广告代理商那里说："如果人们希望我们快一点,那么我们的广告就应该告诉他们我们确实很快。"

这项研究所忽略的就是,在人众的心智中,麦当劳是最快的汉堡连锁店。"快"是属于麦当劳的。汉堡王并没有被这一挫折吓倒,它很快发起口号为"以最快的速度做出最好的食物"的新一轮营销活动。这个营销计划很快就变成了一场灾难,其程度不亚于大麻所带来的危害。于是,广告代理商被解除合约,营销总经理被炒鱿鱼,公司被出售,业务持续衰退。

许多人都为违背专有定律付出了代价。

定律 7

阶 梯 定 律
The Law of the Ladder

**THE 22
IMMUTABLE LAWS
OF MARKETING**

定律 7 阶梯定律

产品并非生来平等。潜在顾客在做购买决策时总会对各品牌进行排序。对于每一个品类,顾客的心智中都会形成一个有选购顺序的阶梯,每个品牌占有一层阶梯。

首先进入顾客的心智中固然应该是你首要的营销目标，但是如果没能做到这一点也并不意味着失败。处于第二位和第三位的品牌，也有属于自己的营销战略。

产品并非生来平等，潜在顾客在做购买决策时总会对各种品牌进行排序。

对于每一个品类，顾客的心智中都会形成一个有选购顺序的阶梯。每个品牌占有一层阶梯。以租车行业为例，赫兹是第一个进入顾客心智中的，自然它占据了第一级。安飞士位居第二，National 名列第三。

你的营销战略应该根据你的品牌占据了心智阶梯的位置来决定。当然，这一位置越高越好。

比如安飞士。多年来，该公司的广告一直在宣传其高质量的租车服务。"租车行业中最棒的"曾是它某项营销活动的主题。当消费者看到这条广告时会纳闷：在我的品牌阶梯上，最顶层的并不是这家公司，它怎么可能提供最棒的服务呢？

定律7 阶梯定律

于是，安飞士做了一件提升在潜在顾客心智中的地位所必须做的事，它的广告宣称："安飞士在租车行业中只是排行第二。那么，你为什么还要租用我们的车呢？因为我们更加努力。"

在此之前13年，安飞士一直处于亏损状态。当它承认自己位居第二时，它开始赚钱，而且赚了很多钱。此后不久，安飞士公司被卖给了ITT，后者立刻定下了新的广告主题：安飞士正在成为第一。

"不，它不是第一，不是我们的首选。"顾客这么说。而且，为了证实这一点，很多人拿起了电话去问赫兹租车。这个营销活动成了一场灾难。

许多营销人都误解了安飞士这个案例。他们认为，安飞士之所以成功是因为它更努力（例如，它的服务好）。实际上完全不是这样。安飞士之所以成功，是因为它将自己在顾客心智中的地位与赫兹公司联系了起来。（如果更加努力就是成功的秘诀，那么哈罗德·史塔生（Harlod Stassen）早就有很多次机会成为美国总统了。）

许多营销者犯了与安飞士相同的错误。最近，长岛花园城市的阿德菲大学（Adephi University）将自己与哈佛大学相提并论，但高中毕业生会说："阿德菲并不在我的考虑之列。"正如你所能预料的，阿德菲大学没能成功地吸引那些优秀学生。

人们大脑的功能之一就是进行选择。潜在顾客用他们自己的心智阶梯来决定哪些信息值得接受，哪些信息应该拒绝。通常，人们只接受与自己认知相一致的新信息，其他的都会被置之不理。

当克莱斯勒将自己的汽车与本田汽车进行比较时，几乎没有人会将自己的本田序曲和雅阁换成普利茅斯（Plymouth）和道奇（Dodge）。一条克莱斯勒的广告标题为："把用过的道奇幽灵和新的本田雅阁放在一起比较，这看上去似乎有些荒唐。直到我们看到了结果。"据广告宣传，他们曾经让100个人在一辆已经行驶了7万英里的道奇幽灵（Dodge Spirit）和一辆新的本田雅阁之间进行选择，结果大多数人（100人中有58人）选择了用过的道奇。

这个结果实在很荒唐，但这是事实。

你的产品在潜在顾客的心智中会形成怎样的一个产品阶梯呢？阶梯共有几层呢？这取决于你的产品是高关心度产品还是低关心度产品。你日常要用到的产品（如香烟、可乐、啤酒、牙膏以及谷类食品等）往往是高关心度产品，它们的阶梯会有很多层。那些不经常购买的产品（如家具、割草机、箱包）的阶梯则通常相对较少。

有些产品也不需要经常购买，但是由于它们在很大程度上能体现个人地位（如汽车、手表、照相机等），因此它们也是高关心度产品，在阶梯上也会有很多层。

有些产品不经常购买，但却会与不愉快的经历联系在一起，这些产品的阶梯也几乎没有什么层级，如汽车电池、轮胎及人寿保险等。

最后还有一种产品，它几乎不会给人带来快乐，而且一生只购买一次，这样的产品在阶梯上根本就没有层级。你可曾听说过贝特斯维尔（Batesville）牌骨灰盒？可能没有。虽然这个品牌的市场占有率几乎为50%。

心智份额决定市场份额，你的市场份额与你的潜在顾客心智中阶梯上的地位是相关的。你应该使你的市场份额达到你的下一层品牌的两倍，而却与你的上一层品牌只相差一半。

例如，讴歌（Acura）是排名第一的日本豪华汽车，雷克萨斯（Lexus）处于第二位，英菲尼迪（Infiniti）是第三。近些年，讴歌在美国卖了143 708辆车，雷克萨斯卖了71 206辆，英菲尼迪的销量为34 890。这三个品牌的销量比正好是4∶2∶1。（这是上市之初的格局，讴歌、雷克萨斯、英菲尼迪都是新车，公众和媒体都对它们抱有浓厚的兴趣，但从长远来看，当这股新鲜感过去之后，另一种现象就会产生。请见下一条定律：二元定律。）

市场营销人士经常谈论某个品类中的"三个领先品牌"，就好像这是一场势均力敌的竞争，但事实上，几乎永远都不会发生这种情况。领先品牌必然遥遥领先于第二品牌，而第二品牌也必然远胜于第三品牌。在婴儿食品领域，前三个品牌分别是嘉宝（Gerber）、比奇纳特（Beech-Nut）和亨氏；在啤酒业，前三个品牌分别是百威、米勒和酷尔斯；在长途电话领域，三巨头分别是AT&T、MCI和斯普林特（Sprint）。

那么，心智阶梯的极限是多少呢？在潜在顾客心智中似乎存在着一个七品牌定律。指定一个品类，随便让一个人说出来他所记得的品牌名称，很少有人会说出七个以上的品牌，这还是针对高关心度产品而言的。

根据哈佛大学心理学家乔治·米勒（George A. Miller）博士的研究，人们一般无法同时应付七件以上的事。这就是为什么人们需要记住的很多事都与七有关：七位数电话号码、世界七大奇迹、七张牌的游戏、白雪公主和七个小矮人以及癌症的七种征兆等。

有时你的产品并未处于阶梯中的重要位置。你应懂得，事实上，做大池里的小鱼可能比做小池里的大鱼来得好。换句话说，有时候，在大品类的阶梯上屈居第三要胜过在小品类的阶梯上独占鳌头。

七喜位于柠檬碳酸饮料阶梯的第一层（雪碧在第二层）。然而，在软饮料领域，可乐的品类要比柠檬碳酸饮料的品类大得多。（美国人所喝的饮料中，有2/3是可乐饮品。）所以，七喜凭借这一场名为"非可乐"的营销活动，也登上了可乐品类的阶梯。

正如同茶之于咖啡，七喜成了可乐饮品的替代品。在美国，七喜甚至还一度成了软饮料的第三大品牌。

然而不幸的是，近几年，七喜由于违背了我们即将要讨论的市场营销定律之一（定律12：延伸定律），丢掉了第三品牌的宝座。

阶梯定律背后蕴涵的营销真谛是：在营销中，心智决定市场；品牌的心智地位决定市场地位；心智份额决定市场份额。

我国中式快餐的领先品牌真功夫先以"蒸"的概念对抗西式快餐"炸"的概念，继而又进一步以中式"米饭"快餐对抗西式"汉堡"快餐。虽然真功夫的主要顾客并不来源于西式快餐，但这种策略有利于提升"真功夫"在顾客心智阶梯中的位置。

阶梯是一个很简单，但又很有威力的类比，它有助于你处理市场营销中碰到的重大问题。在开始实行任何市场营销计划之前，问自己一个问题：在潜在顾客心智中我们处于阶梯的第几层？是在第一层，还是在第二层？或者，我们可能根本就不在阶梯上。

然后，很客观地针对你在阶梯中的位置确定你的营销计划。至于之后该如何行动，后文将做更详尽的讨论。

定律 8

二 元 定 律
The Law of Duality

**THE 22
IMMUTABLE LAWS
OF MARKETING**

从总体和长远的角度来看，你会发现市场往往演化成两个大品牌竞争的局面——通常一个是值得信赖的老品牌，另一个则是后起之秀。

最初，一个新品类有很多层阶梯，但到后来，品类阶梯只剩两层。

在电池行业，这两层是永备和金霸王；在胶卷行业，是柯达和富士；在租车行业，是赫兹和安飞士；在漱口液行业，是李施德林（Listerine）和斯科普（Scope）；在汉堡行业，是麦当劳和汉堡王；在美国运动鞋行业，是耐克和锐步；在牙膏行业，是佳洁士和高露洁。

从总体和长远的角度来看，你会发现市场往往演化成两个大品牌竞争的局面——通常一个是值得信赖的老品牌，另一个则是后起之秀。

让我们回溯到1969年，当时的市场上，某种产品有三个主要品牌。领先者占有大约60%的市场份额，第二品牌约为25%，第三品牌则是6%。剩余的市场则由专业品牌和小品牌瓜分。二元定律告诉我们，这些市场份额分配是不稳定的。而且，该定律还预测，领先者会丧失一些市场份额，而第二品牌则会提升其市场占有率。

22年后，这个领先者的市场份额降至45%，第二品牌的市场份额升至40%，第三品牌则只剩下3%的市场份额。虽然这三种产品分别是可口可乐、百事可乐和皇冠可乐（Royal Crown Cola），但是这一定律适用于任何品牌。

再来看一下长途电话业的情况。AT&T占据了65%的市场份额，MCI占17%，斯普林特只有10%。在电话领域的营销战中，你认为谁会胜出，谁又会失利？尽管未来很难预测（定律17：莫测定律），但还是有人会打赌MCI将最终胜出。在争夺第二的竞争中，MCI已经击败了斯普林特，所以MCI应该成为历史悠久且值得信赖的AT&T的替代品。

也许，斯普林特并不满足屈居第三的位置。10%的市场份额听上去不怎么样，但它意味着60亿美元的年销售额，况且这个市场还在迅速成长中。然而，从长远看来，斯普林特正面临严峻的形势。

让我们来回顾一下皇冠可乐的遭遇。早在1969年，皇冠可乐再次强化其特许加盟体系，已拥有350台瓶装机的生产能力，还聘请了里瓦尔宠物食品公司（Rival Pet Foods）的前总裁加盟（他曾在可口可乐和百事可乐两家公司担任要职）。公司还邀请在业内颇具影响的纽约广告代理商韦尔斯（Wells）、里奇（Rich）和格林（Greene）前来助阵。这个代理商的负责人玛丽·韦尔斯·劳伦斯（Mary Wells Lawrence）宣称："我们要将可口可乐和百事可乐赶尽杀绝,我希望你们能够原谅我用'赶尽杀绝'这个词,但是我们的确将置对手于死地。"

事实上,真正被置于死地的是皇冠可乐。在一个成熟的行业中,身处第三是很艰难的。

看看美国汽车业,尽管李·艾柯卡使尽浑身解数,克莱斯勒依然处境不妙。从长远看,这里的市场营销将是两匹马的竞赛。

在游戏机行业,20 世纪 80 年代末,任天堂曾经占据了整个市场 75% 的份额。另外两个参与竞争的品牌是世嘉和 NEC。如今,任天堂和世嘉并驾齐驱,NEC 被远远甩在了后头。从长远看,这是两种游戏机之间的战争。

不过,竞争的周期也会因产品而异。在更新换代极其迅速的游戏机市场,可能两三个季度之后就能分出胜负;而在长途电话市场,也许要经过二三十年方见分晓。

再以航空业为例。占市场份额 20% 的美国航空公司(American Airline)遥遥领先,可能成为航空界的可口可乐。有趣的竞争将发生在达美航空公司(Delta)和联合航空公司(United)之间,两者分别占有 18% 的市场份额。两者之一将会像百事可乐那样腾飞,而另一方则会落到和皇冠可乐一样的下场。从长远看,这是两家航空公司之间的竞争。

上述这些结局都是预先注定的吗?当然不是,还有其他市场营销定律能够决定竞争的结果。而且,如果你的市场营销计划与营销定律相符，就会很大程度上影响你的销售。当你的产品如皇冠可乐一样，除了实力较弱的第三位时，你无法通过直接攻击两个强大的领先者来获得更大的发展，而它们却可能从中渔利（定律5：聚焦定律）。

明白了从长远来说市场营销是一场两匹马的竞赛，将有助于你制定当前的战略。

在市场竞争中，谁是第二品牌的情况往往并不明朗。这时候，竞争者的营销技巧将起到决定性作用。以笔记本电脑为例，东芝以21%的市场份额位居第一，但是在第二位的市场上居然有5个品牌。Zenith、康柏、NEC、坦迪（Tandy）和夏普，分别拥有8%～10%的市场份额。观看这六匹马在只有两条跑道的赛马场上角逐应该是一件非常有趣的事。哪个品牌将会和东芝一起最终胜出？谁将会成为老二呢？

如果从经济学的角度来看，大量的资源都被浪费在高关心度的品类上，如笔记本电脑等。目前，市场上共有130个笔记本电脑品牌。二元定律告诉我们，到了21世纪只有少数的几个品牌能够幸存下来。

让我们回顾一下美国汽车制造史。1904年，共有60家公司生产195种不同型号的汽车。在此之后的10年当中，共新成立531家汽车公司，倒闭了346家公司。到了1923年，只剩下108家汽车公司。1927年，这一数目又继续减少至44家。如今，福特和通用两家汽车公司主宰着美国汽车行业，而克莱斯勒则命运

莫测。○

　　成功的市场营销者只将目标集中于心智阶梯的最高两层。杰克·韦尔奇（Jack Welch），这位通用电气具有传奇色彩的总裁兼首席执行官，最近说："只有那些在市场中数一数二的公司，才可能在日益激烈的国际竞争中获胜，而那些落后者则只能被整顿、关闭或者出售。"正是这种思想激励着如宝洁这样的公司成为强有力的竞争者。在该公司生产的44种产品中，有32种在其同类产品中居于第一位或第二位。

　　在市场发展的早期阶段，第三位或第四位的位置看上去也是很有吸引力的，销量在不断地增加。新的、缺乏消费经验的顾客源源不断地进入这个市场，这些顾客并不都清楚哪些品牌是领先者，所以他们会挑选一些看上去很有趣或有吸引力的品牌。通常，这些产品都是处在第三位或第四位的品牌。

　　不过，随着时间的推移，这些顾客对该产品领域会有进一步的了解。基于一种本能的假设，即领先品牌总是更好一些，他们开始购买领先品牌。

　　我们要再次重复一遍：顾客相信市场营销是一场产品的较量。正是因为顾客有下述想法，才使得市场的顶层始终有两个品牌在竞争："它们一定是最好的，因为它们是领先者。"

　　行业巨头的二元化局面在一些领域已经初步显现：茶饮料领

　　○ 戴姆勒-奔驰公司在1998年斥资近400亿美元收购了克莱斯勒。——译者注

域的康师傅和统一；高档白酒领域的茅台和五粮液；乳业市场的伊利和蒙牛；家用油漆中立邦和多乐士……可以预见，随着竞争的加剧，竞争壁垒将被逐渐打破，二元定律将在各个领域显现威力，"两匹马竞争"的局面也将广泛出现在各个行业中。

定律 9

对 立 定 律
The Law of the Opposite

**THE 22
IMMUTABLE LAWS
OF MARKETING**

定律9 对立定律

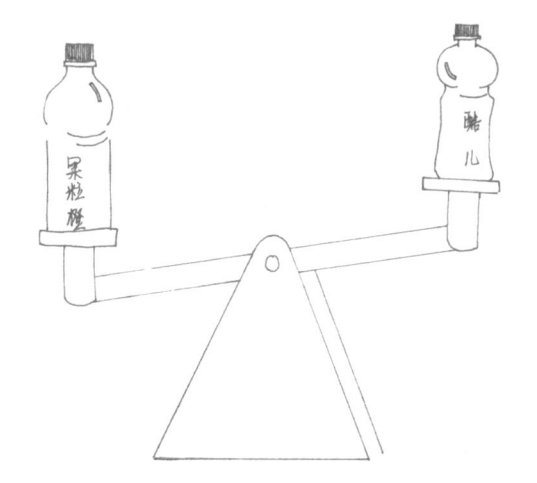

若想成为市场第二,那么你的战略应由位居第一者决定。强势之中隐藏着弱势。对于任何强大的领先公司,居于第二位的公司都有机会将其攻破,变其优势为劣势。

强势之中隐藏着弱势。对于任何强大的领先公司，居于第二位的公司也会有机会将其攻破，变其优势为劣势。

正如摔跤运动员可以巧用对手的强势借力打力那样，一家公司也应该设法把对手的优势转化为劣势。

如果你想稳居市场第二位并与领导者抗衡，那么你就要好好地研究领导者：它强在何处？你如何才能使它的强势变为弱势？

你必须发现领导者强大的本质，然后以与其本质相对立的定位出现在潜在顾客面前。（换句话说，就是不要试图变得更好，但要试图变得不同。）所以竞争经常在后起之秀与值得信赖的老品牌之间展开。

可口可乐是一个具有百年历史的老品牌。全世界至今只有七个人知道可口可乐的配方，这个配方被锁在亚特兰大的一个保险箱内。可口可乐是一个基础稳固的老品牌。然而，根据对立定律，百事可乐与它背道而驰，使自己成为新一代："百事一代"的选择。

如果你观察某类产品的顾客,你会发现他们中有两种人:一种是希望购买领先品牌产品的顾客,另一种则不想。潜在的第二位品牌就必须要吸引后一个消费群体。

换句话说,通过将自己定位为与领先者不同的角色,你可以把那些不愿意购买领先品牌的人吸引到自己这一边。如果老年人都喝可口可乐,青年人都喝百事可乐,还有谁去喝皇冠可乐呢?

"鲜橙多"在低浓度果汁市场上取得成功之后,汇源、娃哈哈、康师傅纷纷跟进推出相应的模仿产品。但真正成为低浓度果汁领域中第二的品牌并非以上跟进者,而是遵循了对立定律的"酷儿"。与"鲜橙多"面向大众、偏向成人不同,"酷儿"将顾客群定义为"儿童",并在配方中加入"钙",成为儿童首选的低浓度果汁。

然而,还是有大量潜在的第二位品牌试图仿效领先者,这通常是一种错误的决定。你必须使自己成为顾客的另一种选择。

《时代》杂志以生动活泼的写作风格建立了自己的声誉。《新闻周刊》则避开这种做法,代之以平铺直叙的写作风格:"我们将事实与观点分开陈述。"换言之,《新闻周刊》把自己的观点放到了编辑栏目中,而不是新闻栏目中。

在市场竞争中有时候你必须毫不手软。有着好味道的斯科普漱口水将"满口药味"这个标签贴在其竞争对手李施德林身上。

但也不要一味地打击你的竞争对手。对立定律是一把双刃剑。它要求你不断宣传竞争对手的弱点，使你的潜在顾客很快就意识到这个问题。（只要喷一点李施德林，你就知道你的口气就像是医院里的那种味道。）接着，要迅速调转矛头。（斯科普是一种好味道的漱口水，它也能杀死细菌。）

说到漱口水，另一个有趣的例子说明了模仿领先者是徒劳的。1961年，强生公司引入以"科学配方"为特点的米克林（Micrin）漱口水，几个月内，米克林就成了该品类的第二品牌。但是，由于李施德林的特点是灭菌，也具有科技产品的声望。所以1965年，当宝洁公司推出斯科普时，它为自己确立了"对立"的位置。斯科普后来成了排名第二的漱口水品牌。到了1978年，强生公司退出了这个市场，那时米克林的市场份额已经跌至1%。

贝克啤酒（Beck's）进军美国时曾遇到麻烦。在美国，它既不可能是第一位的进口啤酒（那是喜力），也不可能是第一位的德国产进口啤酒[那是卢云堡啤酒（Lowenbrau）]。最终为卢云堡啤酒重新定位的策略解决了这个问题。"你已经尝试过了在美国最受欢迎的德国啤酒，那么现在来尝尝在德国最受欢迎的德国啤酒吧。"现在，贝克啤酒是美国销量第二大的欧洲啤酒。（对于啤酒，美国人相信德国人的口味胜过相信自己的感觉。）这是一个罕见的推翻领先定律，同时还引导了顾客心智中认知的例子。（实际情况已经发生了变化，卢云堡啤酒目前是在美国酿造的。）

老产品常常会被人们挑出更多的毛病，医药领域尤其如此。以阿司匹林为例，该药诞生于1899年。此后，成百上千项针对阿司匹林的药理研究随之陆续展开,其中一些研究的目的在于发现它的副作用。到 1955 年,人们还真发现了它可能导致胃出血的副作用。这一年正值新的对乙酰氨基酚(扑热息痛)类药品泰诺问世。当人们广泛得知阿司匹林可能会导致胃出血之后,泰诺便很快成为替代品。推销泰诺的广告曾经标榜自己是"为了千万个不宜服用阿司匹林的患者"。今天,泰诺已超过阿司匹林而成为全美药店销量最大的药品。

红牌伏特加酒(Stolichnaya)仅仅是指出,像斯米诺(Smirnoff)、沙莫瓦(Samovar)和沃尔夫史密特(Wolfschmidt)这样的美国伏特加的产地分别是哈特福德(康涅狄格)、斯肯利(宾夕法尼亚)和劳伦斯堡(印第安纳),从而给它们贴上了"假冒的俄罗斯伏特加"这个标签。红牌伏特加酒产自列宁格勒(俄罗斯圣彼得堡),因此只有它才是正宗的俄罗斯伏特加。

有效地攻击竞争对手的弱点必须重视以事实为依据。一个宣扬竞争对手弱点的典型例子是皇家道尔顿瓷器公司攻击其美国竞争对手的广告。广告的标题是:"英格兰特伦特河畔斯托克的皇家道尔顿瓷器,还是新泽西波莫纳的伦诺克斯瓷器。"这则广告针对的是很多人认为伦诺克斯瓷器是进口瓷器这一误解。通过指出伦诺克斯瓷器的真实产地是新泽西的波莫纳,皇家道尔顿瓷器突出了自己是真实的英格兰瓷器。这样做所利用的事实是,多数人很难想象听起来俗里俗气的新泽西波莫纳这种地方的匠人会生产出雪白精细的瓷器来。(当英国人看到这则广告时,也会放声大笑。对他们来讲，特伦特河畔斯托克听起来与波莫纳一样俗气。）

市场营销很像一场争夺合法性的斗争。抢先占据某种概念的品牌总是将自己的竞争者描述为非法的模仿者。

一个好的排名第二位的品牌绝不能胆怯。当你放弃与领先品牌竞争时，不仅对领先者，而且对于所有其他同行竞争者来说，你都会变为弱者。再以汉堡王近年来不幸的境遇为例，这一位居汉堡业第二位的企业处境曾非常困难，它曾数易其主，多次更换管理人员，并试用过大量的广告代理商。我们用不着回顾多久的历史便可发现该公司的失误所在。

汉堡王昔日的成功得力于它对竞争对手的积极攻势。它首先用"享受你所喜欢的风味"的口号挪揄麦当劳大批量生产汉堡包的经营方式。之后，它又以"烤而不炸"和"大汉堡将战胜巨无霸"为口号向麦当劳展开攻势。所有这些营销计划都曾巩固了汉堡王仅次于麦当劳的市场地位。

之后，不知为何，汉堡王却忽视了对立定律。它变得胆怯并停止了对麦当劳的进攻。其营销口号也变为"为大众服务"；"以最快的速度提供最好的食品"；"你需要什么，我们就提供什么"；"我们绝不墨守成规"；等等。它甚至开展了吸引儿童的营销活动，而这恰恰是麦当劳的主要优势。

遗憾的是，这并非保持强有力的第二位的做法。汉堡王连锁店的店均销售量逐渐下降，而且从未恢复到其采取攻势时的水平。

汉堡王的失误，在于它没有运用对立定律。

奇瑞 QQ 成为对立面

QQ 曾经是奇瑞汽车最畅销的车型，并一举超越奥拓成为小经济型轿车的代表。QQ 成功的关键在于成为原先领导者奥拓的对立面。QQ 时尚、有活力和现代的品牌概念一举将奥拓定义成老旧、过时和缺乏活力。

定律 10
分化定律
The Law of Division

**THE 22
IMMUTABLE LAWS
OF MARKETING**

定律 10 分 化 定 律

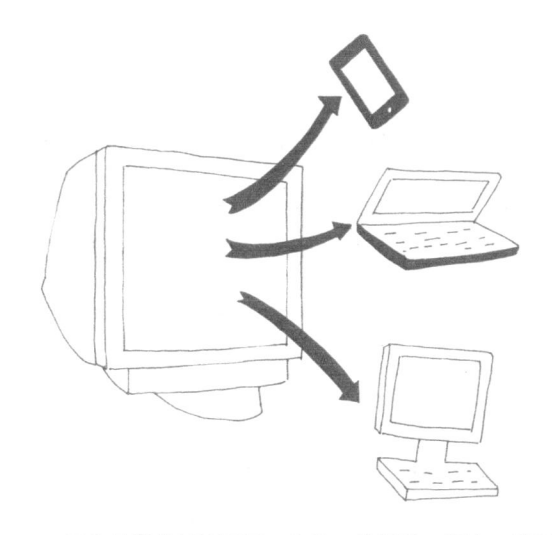

每个品类总是始于某一个单一的品类，但在一段时间之后，这个品类开始分化成几个小品类。

就像阿米巴变形虫会在培养皿中分裂一样，市场营销领域可以被视为不断扩张的产品品类的汪洋大海。

每一个品类总是始于某一个单一的品类，比如计算机。在一段时间之后，这个品类开始分化成几个小市场，如主机、微型计算机、工作站、个人电脑、膝上型电脑、笔记本电脑以及笔输入电脑等。

和计算机领域一样，汽车领域也是从一个单一品类发展起来的。起初，三大品牌（雪佛兰、福特和普利茅斯）主导着整个市场。然后，品类开始分化。现在，我们有豪华车、中价位车以及低档车；有大型车、中型车和小型车；还有跑车、四轮驱动车、休闲车和小货车。

在电视转播领域，美国广播公司（ABC）、哥伦比亚广播公司（CBS）和全国广播公司（NBC）曾一度拥有90%的电视观众。如今，我们有了全国电视网、独立电视台、有线电视、付费电视以及公共电视等，不久，我们还会有储存和互动电视。

啤酒业也以相同的方式开始发展。现在，我们有进口啤酒和国产啤酒，有淡啤、生啤和干啤，甚至还有不含酒精的啤酒。

分化定律甚至还会影响国家。（南斯拉夫发生的混乱是一个很好的例证。）1776年，世界上约有35个帝国、王国、国家和联邦。到第二次世界大战时，这个数目翻了一番。1970年，有130多个国家，而今天，被普遍承认的主权国家约有190个。

音乐过去仅分为古典音乐和流行音乐两种。要想紧跟流行音乐的流行趋势，你可以看看"热门音乐排行榜"，这是一个每周选出十首最流行金曲的排行榜。而广播也接受了同样的想法，推出了"40大金曲"的形式。如今，"40大金曲"正在分化，因为不再只有一种排行榜。

音乐界的圣经《排行榜》杂志把音乐分为古典乐、现代爵士、乡村音乐、舞曲、拉丁舞曲、爵士乐、流行音乐、饶舌乐、强节奏布鲁斯和摇滚乐等11类，同时它还排出了11类音乐中的领先者。最近，这11类领先者分别是伊扎克·帕尔曼、爵士四人行（Four-Play）、加思·布鲁克斯（Garth Brooks）、帕瓦罗蒂（Pavarotti）、迈克尔·杰克逊（Michael Jackson）、奈西斯达（Necesidad）、戴夫·格鲁辛（Dave Grusin）、恩雅（Enya）、公共之敌（Public Enemy）、范尼莎·威廉姆斯（Vanessa Williams）和布鲁斯·史普林斯汀（Bruce Springsteen）。

各种分化的品类都有一个分立的、独特的主体，都有其存在的理由，都有其领先品牌，而这些领先品牌都很少与分化之前该大类的领先者相同。例如，IBM是计算机主机的领先者，DEC是微型机的领先者，而Sun微系统公司则是工作站的领先者，等等。

许多企业的领导者持有的不是这种分化的观念。相反，他们天真地认为融合是主要趋势。"协同、合作、联盟"是目前在美国的企业董事会办公室中用得最响的口号。根据《纽约时报》的报道，IBM正准备"从整个产业，包括电视、音乐、出版及计算机的即将整合中得到好处"。该报称，"在预期的电缆和电话线网络与计算机和电视机制造商的结合中，IBM最大的优势就在于它已开发的建造高速网络的技术"。（见定律20：炒作定律。）

微软在3C计划上浪费了数十亿美元，却没有任何结果。3C融合一直被中国家电企业看作必然趋势，TCL就是一个典型的代表。从20世纪90年代中期开始，TCL为3C计划投入了巨资，并为此挖来了有"打工皇帝"之称的微软前中国区总裁吴士宏，最终却以信息家电失败、吴黯然辞职而收场。

然而，事实并非如此。品类与产业在不断分化而非融合。

让我们来看看被兜售得最起劲的金融服务业务。据新闻界报道，未来我们将不再有银行、保险公司、证券经纪商以及抵押贷款商。我们有的将只是金融服务公司。可惜，这并未成为事实。

保诚（Prudential）、美国运通（American Express）以及其他一些公司都掉入了金融服务这个陷阱之中，顾客并不想购买金融服务。他们想要买的是股票、人寿保险或银行账户。而且，他们更愿意从各个不同的公司购买不同的服务。

使领先者保持其对市场已有统治的方法之一，是给新产品起新名称。正如通用汽车公司在早期将其各种汽车分别命名为雪佛兰、庞蒂亚克、奥兹莫比尔、别克和凯迪拉克一样（最近又有吉奥和土星）。

当一家公司试图将其某种产品的知名品牌用于其他品类时，它便犯了一个错误。德国大众汽车公司的遭遇就是一个典型的例子。该公司曾将其小型车打入美国。它的甲壳虫汽车曾以占据美国进口车市场的67%而成为霸主。

大众汽车公司取得如此成功之后，便想象通用汽车公司那样在美国销售更大、更快、更豪华的汽车。它将其在德国生产的各种类型汽车都运到美国进行销售。但与通用汽车公司不同的是，它将各种型号的车都命名为大众牌。当时其广告词是"为不同的人提供不同的大众车"，这是指它的甲壳虫、4124 轿车、Dasher、Thing 以及旅行小客车五种车。而其结果却是，只有小型的甲壳虫车畅销。

之后，为扭转这一局面，大众汽车公司采取了一项措施，即停止在美国销售甲壳虫车，转而促进其大型、高速、昂贵汽车的销售。于是，市场上便有了维那根、西罗克、捷达、高尔夫 GL 以及篷式轿车。大众汽车公司甚至在宾夕法尼亚建造了一个专门生产这些新奇汽车的工厂。

然而不幸的是，小型汽车在美国的市场逐步扩大，由于人们买不到经济、耐用的大众车，便转而购买日本的丰田、本田和其他日产汽车。

到今天，大众汽车公司在美国创下的约67%的进口车市场占有率已下降到不足4%。

大众不同于那些不知名的欧洲小品牌，如萨博（Saab）或阿尔法·罗密欧（Alfa Romeo），它是欧洲销量最大的汽车品牌。在美国销售的大众车和在欧洲销售的是一样的，只是购买它们的人认知不同。在美国，大众车意味着又小又丑，因此没有人会想去买一辆又大又漂亮的大众车（定律4：认知定律）。

作为大众汽车公司的一个竞争者，本田公司决定提高在美国的市场占有率。它的豪华车没有采用本田的牌子，而是被命名为讴歌。为了防止与本田品牌相混淆，它甚至不惜代价建立了专门经销讴歌车的销售系统。讴歌作为日本打入美国的第一款豪华车，如今其销售量已远超德国大众车。本田公司已有两种类型的汽车在美国市场上占据领先地位。

阻碍领先者在新品类中使用新品牌的一个原因是，担心原有品牌的销售会受到冲击。通用汽车公司迟迟未对由奔驰和宝马开拓的超豪华车市场采取应对措施，原因之一就是害怕推出一个比凯迪拉克更豪华的新品牌会激怒凯迪拉克的经销商。

最后，通用汽车公司曾试图用售价达54 000美元的阿兰特车（Allante）开拓凯迪拉克高档车市场，其结果是引发了一场灾难。

人们会想，我为什么要花这么多钱买一辆邻居们可能认为我只花了 3 万美元买的凯迪拉克车呢？这并不能提高我的身份。

通用汽车公司可以采用的更好战略是，向梅赛德斯统治的市场中推出一种新牌号的车 [它们本该回购经典拉塞利（LaSalle）]。

时机也很重要。你可能会过早地开发某个新的产品品类。回顾 20 世纪 50 年代，纳什·兰博勒（Nash Rambler）是美国第一款小型车，但是美国的汽车商们既没有勇气也没有资金去等待小型车市场走向成熟。

然而，早总比晚好。你若想使自己的产品在顾客心目中生根，就必须准备在事物的发展过程中耐心地等待。

每个品类都面临分化的机会，例如随着时间的推移和发展，汽车品类逐渐分化为：轿车 / SUV / MPV 品类，SUV 品类又进一步分化为城市型 SUV 和越野型 SUV。品类分化诞生了打造全新品牌的机会。

20 世纪末，长城汽车还仅处于国内汽车企业中的中下游水平。后来，当几乎所有车企都热衷于容量最大的轿车市场的竞争时，长城汽车洞察到了当时仅占乘用车市场 3% 份额的 SUV 品类的机会，将资源聚焦于 SUV 品类，并启用了全新品牌"哈弗"。经过几年的发展，哈弗成为中国 SUV 市场的领导者，而长城也发展成为国内最赚钱的汽车企业，其利润率一度超过保时捷，列全球车企第一。

定律 11

长效定律
The Law of Perspective

**THE 22
IMMUTABLE LAWS
OF MARKETING**

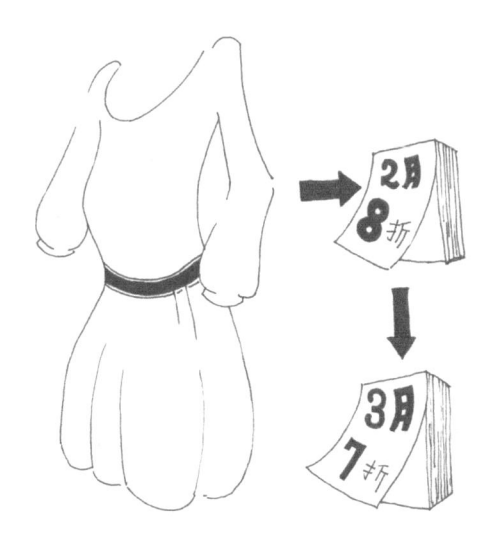

短期内，促销能增加公司的销售额；但从长期来看，促销只会减少公司的销售额，因为它教会顾客不要在"正常"价格时买东西。

酒精究竟是一种兴奋剂还是一种抑制剂？

如果你周五下班后到酒吧看一看，你一定会说酒精是一种兴奋剂。那种嘈杂声和笑声都强烈地证明着酒精的刺激作用。然而，在凌晨4点，当你看见那些在酒吧度过了欢乐时光的顾客醉倒在街头时，你肯定会说酒精是一种抑制剂。

从化学原理上讲，酒精是一种很强的抑制剂。但是在短时间内，通过对人们压抑神经系统的抑制，酒精又发挥了兴奋剂的作用。

很多市场营销活动都表现出同样的现象：长期效果与短期效果正好相反。

降价促销会使公司的营业额上升还是下降？很明显，短期内，促销能增加公司的销售额。但是越来越多的证据表明，从长期来看，促销只会减少公司的销售额，因为它教会顾客不要在"正常"价格时买东西。

除了"你可以以更便宜的价格买东西"这个事实之外，促销还告诉潜在顾客些什么呢？它只是表明正常价格太高。在降价结束之后，顾客往往会回避这种有"降价"声誉的商店。

为了维持销售额，零售商发现它不得不几乎不停地进行降价销售。如果你走在一个零售街区内，就会发现一连串的商店都在橱窗内挂着"降价"销售的招牌，这已经变成了一个常见的现象。

汽车的打折销售活动增加了汽车的销售吗？汽车打折销售的兴起与汽车销售的下滑处于同一时间段内。美国汽车的销售量已经连续五年呈直线下滑趋势。

纽约市最大的家具公司西曼斯（Seamans）曾经每周举行一次促销活动。最后，西曼斯破产了。

没有证据表明优惠券销售从长远看会增加销售量。很多公司发现它们每季都要发放一次优惠券，以保持平稳销售。而一旦停止发放优惠券，销售量便会下降。这意味着，该公司发放优惠券不是在增加销售量，而不过是在保持发放优惠券后的销售量不致下降。优惠券销售就像一种毒品，你连续使用它只不过是因为停用它的结果会很痛苦。

任何形式的优惠券销售、折扣销售以及其他降价销售都不过是在告诉顾客，只有在得到便宜时才购买。如果公司一开始就不发放优惠券，又会如何呢？在零售业，那些成功的大零售商都是那些实行"天天低价"策略的公司，如沃尔玛公司、凯马特公司以及一些发展迅速的仓储式商店。

在白酒行业里，大量的投入和促销并没有建立起新的强势品牌，相反，高额的促销、返利、终端费用拖垮了越来越多的白酒企业。促销也没有使任何一个品牌占据行业领先地位，行业的领先品牌依旧是几乎从不做促销的茅台、五粮液、剑南春。

总的来讲，几乎走到任何地方，你看到的大多价格都是起伏不定的。民航业与超级市场业就是例子。然而不久前，宝洁公司还是大胆地做出了实行统一价格政策的决定。这可能会是一种新趋势的开始。

在日常生活中有很多短期受益而长期受损的事例，犯罪便是一个很典型的例子。如果一个人从银行抢走10万美元，结果被关10年监狱。你或者认为他是一天挣了10万美元，或者认为他是连续劳动10年，每年挣1万美元，这完全取决于你的看法。

通货膨胀可以在短期内刺激经济增长，但从长远看，它将导致经济衰退（巴西至今还没有从通胀的困境中解脱出来）。

从短期来看，过度饮食可以满足人的食欲，但从长期来看，它将导致肥胖甚至精神沮丧。

在生活中的很多其他方面（如花钱、服药、性生活），其某种行为的远期效果与近期效果往往存在明显矛盾，但为什么市场营销行为的远期效果如此难以为人们所认识呢？

让我们看看品牌延伸。从短期效果看，品牌延伸无例外地会增加销售。啤酒工业的案例便明显地说明了这一点。20世纪70

年代初，米勒好生活牌年均产销增长率为27%。"米勒时代"这一针对蓝领大众的营销活动，以"下班后慰劳自己一杯米勒啤酒"为主题，成功地促进了米勒啤酒的销售。之后，米勒啤酒的制造商更加雄心勃勃，于1974年推出了米勒淡啤。这样，一个出色的概念（定律2：品类定律）便被埋没在延伸后的系列品牌中了。

在短时期内这两种啤酒和睦相处，一种适合于蓝领大众（米勒好生活），另一种则适合于雅皮阶层（米勒淡啤）。但从长远看，这种品牌系列的扩展必然导致其中一种销量的下降。

米勒好生活啤酒的鼎盛时期是在1979年，即推出米勒淡啤啤酒5年之后。在这5年中，米勒好生活啤酒的年销售量几乎增长了两倍，从860万桶增加到2 360万桶。这是品牌延伸的短期效果。

而其长期效果却是十分悲观的。米勒好生活啤酒的销量连续13年下降，从1979年的2 360万桶下降到1991年的仅有580万桶，而且这一趋势肯定还会继续下去。

米勒淡啤也没能免遭品牌延伸所带来的厄运。1986年，该啤酒制造商又推出了米勒纯正扎啤的新品类。之所以用此名称，是因为该啤酒是这一新品类中的第一个产品。然而不幸的是，该啤酒仍旧使用了米勒的品牌（见定律12：延伸定律）。历史往往会重演。5年后，米勒淡啤的销量也达到顶峰，之后便开始下降。下降一旦开始，便几乎不可能停止。

如果你不是有意观察的话，便很难看到品牌延伸的远期效果。对那些只关心下一季度营业报表的管理者来说尤其如此。(假如子弹要用5年时间才能击中目标的话,恐怕只有很少的罪犯会被判杀人罪。)

发生在米勒啤酒上的事情也同样发生在米克劳身上,在推出淡啤3年之后,米克劳普通啤酒的销量便连续11年下降。今天,四种口味的米克劳啤酒(一般型、淡啤、干啤和古典黑啤)销售量之和,比1978年米克劳普通啤酒的总销售量还低25%。

酷尔斯啤酒也遭遇过同样的命运。酷尔斯淡啤的推出导致了普通酷尔斯啤酒销量的下滑。今天,该啤酒的销售量只及过去的1/4。

甚至王牌啤酒也同样如此。百威啤酒的销量在酒禁令取消以后一直是逐年上升的,而在近三年中却不断下降。原因何在呢?正是因为巴德淡啤的出现。

你可能会认为,米勒、酷尔斯和安海斯 – 布希啤酒厂商不得不扩展其原品牌,因为淡啤已经统治了市场。如果你相信报纸上的报道,你会认为所有人都在喝淡啤。但是,这并非事实。在米勒淡啤推出18年后的今天,淡啤仍仅占啤酒销量的31%。

在市场营销的其他领域,品牌延伸的长、短期效果显现得更为迅速。默加尼公司(Murjani)于1985年推出了可口可乐时装。两年之后,其批发额就达2.5亿美元。第三年,该系列服装转眼失去魅力,价值千百万美元的产品积压在公司仓库中。

唐纳德·特朗普公司(Donald Trump)遭遇了与默加尼公司

同样的经历。起先,唐纳德获得了成功,他扩大经营范围,将能得到银行贷款的所有项目都冠以特朗普这个名称。什么是特朗普?它包括一家饭店、三家赌场、两座公寓大楼、一条航线以及一家购物中心。

《幸福》杂志称特朗普公司是"对资金流动和资产价值有敏锐目光的投资者、精明的市场营销者和狡猾的商家"。《时代》和《新闻周刊》都曾将唐纳德作为封面人物。

而今天,特朗普公司却负债14亿美元。使它在短期内成功的因素恰恰导致了它在长期中的失败,这一因素便是品牌延伸。

市场营销看上去简单,但它的确不是外行人所能胜任的。

诠释长效定律最好的反面例子莫过于春兰空调。1994年,春兰空调销售额达到53亿元,位列中国第一。1995年,春兰确定了2000年销售额达到180亿元的目标。为了达成该目标,春兰进入了彩电、冰箱、洗衣机、摩托车、卡车等领域,销售额实现快速增长。到了2000年,春兰销售额达到185亿元,但利润开始下滑。到了2005年,春兰多元化的恶果开始显现,公司持续亏损,面临退出股市的风险。

定律 12

延伸定律
The Law of Line Extension

THE 22
IMMUTABLE LAWS
OF MARKETING

定律 12　延伸定律

多便是少。产品越多,目标市场越大,战线越长,赚的钱反而越少。

如果违背本书中的任何一条定律都值得判罪的话，那么，恐怕大多数美国公司都要在监狱中服刑了。

至此为止，本书所叙述的定律中被违背最多的一条便是延伸定律。更为糟糕的是，延伸定律是一个不间断的，而且几乎是自然发生的过程。也就是说，它不是在公司有意努力的作用下发生的。正如衣柜或书桌抽屉被塞得满满的，但这绝不是你刻意造成的一样。

一天，某家公司会集中生产某种高盈利产品；第二天，这家公司就可能将精力分散到多种产品上，进而遭受亏损。

以IBM公司为例。几年前，IBM集中生产大型机并赚了很多钱。而今天，IBM什么都生产，但几乎不能维持收支平衡。例如在1991年，IBM的经营收入为650亿美元，但收支相抵后竟亏损28亿美元，这几乎相当于每天亏损800万美元。

除销售大型机外，IBM还销售个人电脑、笔输入电脑、工作站、中型机、软件、网络、电话等。总之，你要什么，它就有什么。IBM甚至曾试图打入家用计算机市场。

与此同时，IBM在下述多种业务中损失巨大：IBM还将大笔的钱投入复印机（已卖给柯达）、罗姆（Rolm）电话设备业务（已卖给西门子）、卫星商业系统（已倒闭）、天才（Prodigy）网络（举步维艰）、SAA、极景（TopView）、奥视（OfficeVision）、OS\2等。

一家公司在取得惊人的成就时，总是会播下未来问题的种子。以微软公司为例，该公司是软件行业中最成功的公司。（尽管微软公司的规模只有通用汽车公司的1/5，其股票价值却高于通用汽车公司。）微软公司的经营战略是什么呢？一句话，就是越多越好。

《华尔街日报》最近评论道，"微软公司声称，在应用于个人电脑领域的各类主要软件中，它都要寻求主导市场地位"。该报又说，"该公司软件应用分部高级副经理迈克·梅普尔斯建议，微软公司要在各类软件应用领域中拥有70%的市场占有率"。

这口气像谁？颇像IBM公司。微软公司要做下一个IBM，但与此同时它也拥有了这一名称所具有的各种负面含义。

微软公司是个人电脑操作系统领域中的领先者，但它在以下主要领域中仍落后于领先者：表格（Lotus公司是领先者）、文字处理（WordPerfect是领先者）以及商业图表（领先的是SPC软件出版公司的哈佛图表）。

微软公司以向新领域延伸（如笔输入电脑）的方式追求发展。最近，为进入数据库软件领域，微软公司以1.7亿美元的价格收购了Fox软件公司。（你认为"微软"取代"Fox"的结果会如何呢？）

已有征兆显示了微软公司这种战略的弱点。《经济学家》1992年年初曾报道："盖茨先生将一系列以某种共同技术为核心的产品组合成一体，并将在几乎整个软件产业中进行竞争；从大型机到小型机，从操作系统到为管理人员绘制各种图表的图表程序。在软件行业还没有人能够成功地实施这样复杂的开发计划——尽管IBM曾经尝试过，但却没有成功。"

当你试图满足所有人的所有需求的时候，便不可避免地要遇到麻烦。一位管理者说："我宁愿在某一方面强，也不愿在所有方面都弱。"

狭义地讲，品牌延伸是将一个成功的品牌（如A-1牛肉味调味汁）用到你计划推出的一个新产品（如A-1鸡肉味调味汁）上。

这种做法看上去很合乎逻辑。"我们生产的A-1是统治牛肉味调味汁市场的绝佳产品，但人们的兴趣正由牛肉转向鸡肉，所以我们便推出鸡肉味调味汁产品，并且仍使用A-1的品牌。这是再好不过了。这样可以使顾客知晓这一新产品同样出自生产绝妙A-1牛肉味调味汁的厂家。"

但是，市场营销是认知之争，而并非产品之争。在顾客心目中，A-1不仅是一个品牌名，更代表牛肉味调味汁本身。当你在餐桌上说"请递给我A-1"时，没有人会问："哪种A-1？"

该公司尽管花费了1 800万美元进行广告宣传，但A-1鸡肉味调味汁的推出仍旧是个不幸的失败。

进行品牌延伸的做法与太空中的星系一样多，而且每天都有新的方法被发明。从长期看，在存在激烈竞争的情况下，品牌延伸策略几乎从未奏效。

创造新风味是一种流行的扩大市场占有率的策略。产品的花色品种越多，市场占有率就越大，这听上去似乎正确，但事实并非如此。

回顾1978年，当七喜只是一种非可乐系列的柠檬苏打饮料时，它曾占软饮料市场的5.7%。之后，该厂商增加金七喜、樱桃七喜以及混合配餐七喜等品种。今天，七喜的市场份额已下滑至2.5%。

不管走到哪里，你都会看到各种品牌的延伸，这也是为什么商店里充满了各种同样品牌的原因之一。

毫无例外的是，任何一类产品中的领先者都不是品牌系列中被延伸的品牌。以婴幼儿食品为例，嘉宝（Gerber）占有72%的市场，领先于比奇纳特和亨氏，而后两者就是被延伸的品牌。

尽管有事实证明品牌延伸具有负面效果，各公司却仍热衷于这样做，下面便是一些例子：

象牙（Ivory）肥皂——象牙香波？

救世（Life Savers）饼干——救世口香糖？

比克（Bic）打火机——比克连袜裤？

香奈儿（Chanel）——男式香奈儿？

坦克里（Tanqueray）杜松子酒——坦克里伏特加？

酷尔斯啤酒——酷尔斯水？

亨氏番茄酱——亨氏婴儿食品？

《今日美国》——《今日美国》电视版？

阿迪达斯（Adidas）跑鞋——阿迪达斯香水？

皮尔·卡丹（Pierre Cardin）服饰——皮尔·卡丹葡萄酒？

李维斯（Levi's）牛仔裤——李维斯鞋？

高露洁棕榄公司的总裁埃德·福格蒂（Ed Fogarty）说："要扩大我们主品牌的作用，就把我们的品牌名称拓展到新的产品类别中去。"

金宝汤料的首席执行官戴维·约翰逊（David W. Johnson）称："延伸使用高质量的、被顾客重复购买的品牌名称要比重新开发一个新的品牌名称强。"

戴尔蒙特公司（Del Monte）的总裁埃瓦恩·麦克唐纳（Ewan MacDonald）表示："我们坚持单一品牌的理念。我们会把戴尔蒙特这个名称持续不断拓展到新产品领域。"

超级减肥食品公司（Ultra Slim-Fast）的主席丹尼尔·亚伯拉罕（Daniel Abraham）称："今后我们会推出汤料、通心粉、色拉酱、苏打水、果汁以及新的更浓的减肥饮料，称为'超级减肥＋'。"

（祝你好运，亚伯拉罕先生，晚安。）

尽管大量事实都证明了品牌延伸具有消极作用，但为什么高层管理人员还是相信它会起作用呢？原因之一就在于，虽然长期来看品牌延伸是一个失败的战略，但是就短期而言，它却可以让你成功（定律11：长效定律）。管理层总是盲目地相信顾客对某个公司或品牌会有一种强烈的忠诚度。要不然，为什么在百事轻怡（Pepsi Light）和百事清晨（Pepsi AM）相继失败的情况下，百事公司还会推出水晶百事（Crystal Pepsi）呢？

多便是少。产品越多，市场越大，阵线越长，赚的钱反而越少。"向各个方向全速出击"似乎是各家公司的竞争口号。什么时候它们才会懂得品牌延伸最终导致被淘汰出局的恶果呢？

少便是多。今天，你若想成功，就必须将精力集中，以便在顾客心智中巩固自己的地位。

IBM代表什么？在过去，它曾代表大型计算机；而今天，它代表一切，这意味着它什么也不代表。

为什么西尔斯公司遇到了麻烦？正是因为它曾试图满足所有人的所有需求。西尔斯曾经专注于经营耐用消费品，它后来又发展日用消费品，甚至时装的经营。

按照传统观念，企业经营战略通常是无所不包的。换句话说，其战略思想要全面到包括企业现时及将来生产的所有产品和提供的所有服务。

从传统观念来看，企业经营战略像是个帐篷，你的帐篷要大到足以容纳所有你要装进的东西。

IBM 公司已经建造了一个巨大的计算机帐篷。今天以及将来的计算机领域的所有东西都要被装进这一帐篷内。当新公司、新产品、新观念入侵计算机市场时，IBM 的帐篷将会被疾风席卷而去。在诸如计算机这样发展迅速的市场中，IBM 无法保护自己，尽管它是具有强大财力的公司。从战略的角度看，你必须能够进行灵活的选择，要选择适当的领域和地点安营扎寨。

通用汽车公司采取了与 IBM 相同的经营战略。通用汽车公司要涉足所有类型的汽车市场：轿车、赛车、廉价车、豪华车、卡车、面包车，甚至电动车。什么是通用汽车公司的经营战略呢？即只要是在路上跑的，我们都在生产。

对很多公司来说，进行品牌延伸是一种简便的做法。推出一个新的品牌不仅需要金钱，而且需要新创意或观念。一个新品牌要获得成功，它应当是一个新品类的第一个产品（见定律1：领先定律）；或者，新品牌应当作为领先产品的对立面而存在（见定律9：对立定律）。开发并等待一个新市场的公司往往发现这两个领先的地位已经被他人占领，因此，它们不得不依赖于品牌延伸策略。

医治品牌延伸的最好药方是公司的勇气与决心，而这往往是它们最缺乏的。

品牌延伸同样是我国企业最为普遍和最为严重的营销错误。

20世纪90年代中期以来，娃哈哈从AD钙奶延伸到瓶装水、果汁、绿茶、方便面、牛奶、童装等领域，并在短期内实现了销量的增长。娃哈哈的品牌延伸一度被国内部分营销人称为品牌延伸的典范，并作为反驳"延伸定律"的依据。实际上，娃哈哈的品牌延伸稀释了该品牌的认知，娃哈哈在所延伸领域中几乎没有一个处于"数一数二"的位置，利润也大幅下滑，最终被迫与达能合资。

中国品牌延伸失败案例之多举不胜举，如茅台集团推出了茅台啤酒、茅台干红，但这些产品一直处于奄奄一息的境地。海尔延伸至彩电、手机、电脑、药业、微波炉等领域，相应产品却一直举步维艰。

在汽车领域，东风也建造了一顶巨大的帐篷。东风曾经代表卡车，如今东风品牌不仅代表重卡、中卡、轻卡、小卡、面包车、客车，还代表法国轿车（东风标致）、日本轿车（东风日产）、韩国轿车（东风悦达起亚）、国产MPV（东风风行），这就是东风品牌最致命的营销问题。实际上，即使在卡车领域，东风也面临严峻挑战，重卡的专家品牌中国重汽和轻卡的专家品牌时代分别占据了这两个品类的主导位置，东风可谓处境尴尬。

定律 13

牺 牲 定 律
The Law of Sacrifice

**THE 22
IMMUTABLE LAWS
OF MARKETING**

好像存在一种宗教式信仰似的：更大的网可以捕捉更多的顾客。但事实证明，恰恰相反。

牺牲定律与延伸定律正好相反。今天，你如果想取得成功，就应该牺牲一些东西。

有三样东西是需要你牺牲的：产品线、目标市场和不断的变化。

第一种牺牲是产品线。这是谁说的谬论：你卖的品种越多，所得的销售额才越多？

就落后者而言，完整的生产线是一种奢望。如果想获得成功，你必须削减，而不是扩展你的产品线。以埃默里航空货运为例埃默里曾是一个经营航空货运的企业。你想要运送的任何东西都可以通过埃默里来运输：小包裹、大包裹、隔夜服务以及定时服务。

当时，联邦快递的营销重点是什么呢？它只将精力放在了"小包裹隔夜送达"这一项服务上。今天，联邦快递可比埃默里要大得多。

联邦快递的优势来自通过牺牲其他服务项目使"隔夜送达"

定律13 牺牲定律

的概念深入人心。当货物必须要隔夜送达的时候，你就会打电话给联邦快递。

联邦快递接下来做了些什么呢？它做了埃默里公司所做的同样的事。它花了8.8亿美元收购了飞虎国际公司的飞虎航空货运线，从而失去了隔夜送达这一定位。现在，联邦快递是一个全球性的航空货运公司，但却没有全球性的地位。仅在21个月内，联邦快递就在它的国际运营业务上损失了11亿美元。

市场营销是一场心智之战，它是认知的竞争，而不是产品或服务的竞争。在潜在顾客心智中，联邦快递就是一个"隔夜送达"的公司。联邦快递拥有"隔夜送达"这样的定位。当转向国际市场时，联邦快递面对的是一个经典的营销难题：它是应该将国内的品牌名称带入国际市场呢，还是应该推出一个新的全球性的品牌？另外，它如何来应对第一个进入国际市场的敦豪快运的竞争呢？

联邦快递偏离"隔夜送达"这一定位已经很糟糕了。更糟糕的是，它并没有用一个新的概念来取代它。

永备是电池行业的长期领先者，但是就像在大多数行业都会出现的那样，新的技术出现了。首先改变电池行业的技术是高能电池技术。如果你在电池行业是排名第一的品牌，你将会给你的高能电池取个怎样的名称呢？你也许会和永备公司一样，称它为永备高能电池。

接着碱性电池也问世了，永备公司又将它的碱性电池命名为永备碱性电池，这似乎很合乎逻辑。

然后，P. R. 马洛里公司开发了专门的碱性电池生产线。而且，该公司还给这条生产线取了一个更好的名称：金霸王。

对金霸王来说，牺牲所带来的利益是，它将"持久耐用的电池"这个概念深植于潜在顾客的心智中。广告指出，金霸王的持久效力是永备的两倍。

中国传统的老八大名酒中，茅台、五粮液、剑南春发展成了全国性领导品牌，并占据了行业的前三名，其余汾酒、古井贡等五个品牌则发展成了区域性品牌，在同一起跑线上的品牌为何有不同的结果呢？进一步对比就可以发现，三个全国性的品牌共同点是：聚焦有限产品；五个区域性品牌则恰恰相反，产品数量多，并覆盖高中低档。例如汾酒的产品多达 800 种，但其营销负责人还声称"还远不够，还无法满足需求"。

永备被迫将它的碱性电池改名为"劲量"。但是为时已晚，此时，金霸王已经成了电池市场的领先者。

企业界由以上两种企业构成：大型的业务高度分散的通才型企业和小型的业务高度集中的专才型企业。如果品牌延伸和分散化是有效的市场营销战略，那么你看到的应该是通才型企业在市场中占上风。但实际上并非如此，它们中的大多数都遇到了麻烦。

通才型企业是相当脆弱的。以卡夫公司（Kraft）为例，人人都认为卡夫是一个很知名的品牌。在果冻和果酱领域，卡夫拥有9%的市场份额。但是，盛美家（Smucker's）拥有35%的市场份额。卡夫代表着任何食品，而盛美家就是果冻和果酱，因为这就是盛美家生产的全部产品。在蛋黄酱领域，卡夫占有18%的市场份额，但好禾门（Hellmann's）拥有42%的市场份额。

（从市场占有率的角度讲，卡夫确实是一个领先品牌。然而，在它所领先的领域里，它的品牌名称并非卡夫，而是另一个单独的品牌，叫费城（Philadephia）。费城品牌在黄油市场中的占有率是70%。）

再以零售业为例，目前处境不佳的是哪一类零售商呢？是百货公司。而百货公司是什么呢？卖所有东西的地方。这一特点正是使其陷入困境的根源。

坎普（Campeau）、L. J. 胡克（L. J. Hooker）和金贝尔（Gimbels）都遭到了破产的结局。埃姆斯百货公司（Ames）申请破产，希尔斯百货公司（Hills）申请破产，世界上最大的百货公司所有者梅西（Macy's）也申请破产。

州际百货公司（Interstate）也面临破产。所以，在读了有关我们的营销书籍后，该公司决定集中经营盈利的商品玩具。当这家公司一旦决定集中经营玩具之时，便将公司更名为"玩具反斗城"。如今，玩具反斗城经营着美国20%的玩具零售生意，而且获利颇丰。在上一财政年度里，该公司从55亿美元的销售额中获得了3.26亿美元的利润。

许多零售连锁店模仿"玩具反斗城"的模式,都取得了成功。其模式的要点在于:集中产品焦点,深化产品内容。史泰博(Staples,办公用品供应商)和百视达音像公司(Blockbuster Video)就是最近成功的两个例子。

通常,在零售业领域,最大的成功者就是那些专才型企业:

- 利明特(The Limited):经营高档职业女装。
- 盖普(The Gap):经营年轻人的休闲服饰。
- 贝纳通(Benetton):经营时髦年轻人的羊毛、棉质服饰。
- 维多利亚的秘密(Victoria's Secret):经营性感内衣。
- 豪特洛克(Foot Locker):经营运动鞋。
- 香蕉共和国(Banana Republic):经营旅行装。

(当像香蕉共和国这样的服装连锁店都能够取得成功时,你就会知道我们生活在一个专才型企业的时代。)

现在,让我们来讨论**第二种牺牲:目标市场**。这又是谁说的谬论:你必须要吸引每一个人?

以可乐为例。可口可乐最先进入潜在顾客的心智,并建立了牢固的地位。在20世纪50年代末期,可口可乐在销售额上以大于5∶1的优势压倒百事可乐。要想与强大的可口可乐抗衡,百事可乐该如何做呢?

在20世纪60年代初期,百事可乐最终发展了一个基于牺牲概念的战略。该公司牺牲了除青少年之外的所有市场。之后,它通过聘请迈克尔·杰克逊、莱昂内尔·里奇（Lionel Richie）和唐·约翰逊（Don Johnson）作为代言人，而出色地开发了青少年市场。

只用了一代人的时间，百事可乐就缩小了与可口可乐之间的差距。时至今日，在美国可乐产品市场占有率上，它只比可口可乐少10%（在超级市场中，百事可乐的销售量实际上已超过了可口可乐）。

尽管取得了成功，百事可乐却总是受到不断扩大的"帐篷"的压力。最近，它终于屈从于这一诱惑。《广告时代》报道说："百事可乐的成长速度已经快于百事一代。百事可乐面向青少年的战略转变了，它的营销目标将是全体大众。"

百事可乐的新主题是"享受它"。这次广告表现的是像约吉·贝拉（Yogi Berra）和里吉斯·费尔宾（Regis Philbin）这样年纪大一些的人也在喝百事可乐。

"以往百事可乐广告宣传中的一个不足便是有点过分集中于青少年，"百事可乐广告代理BBDO公司的菲尔·杜森伯里（Phil Dusenberry）说道，"如果我们曾拓展视野，以更大的营销网捕捉更多的顾客，我们本可以得到更多。"

根据《财富》杂志的评估，可口可乐是世界上最强大的品牌。当同样走红的百事可乐以更为集中的经营战略与这一领先者相差仅一步之遥时，为什么要改变自己卓有成效的战略呢？

红河卷烟厂依靠聚焦于一个品牌——红河，同时产品聚焦于10元以下的低端市场获得了巨大的成功，迅速成了国内销量最大的三大品牌之一。其后，红河不再满足于低端市场，它先后推出了覆盖中高价位的红河88、红河99、红河V6、红河V8等产品。这些产品无一例外都表现平平，同时也影响了红河在低端市场的销量。

与之相反的是，中华是香烟中产品线最短的品牌，中华能长期稳居中国高档香烟领导地位，精简的产品线功不可没。的确不该如此！好像存在一种宗教式信仰似的：更大的网可以捕捉更多的顾客。但事实恰恰相反。

以百威啤酒为例，奥古斯特·布希四世（August Busch IV）说："当我们计划推出百威啤酒时，我们的目标是其顾客必须包括21岁以上的所有人，不论他是男人、女人、黑人或白人。"

再看看香烟的广告，特别是那些老的香烟广告。它们总是要同时包括一个男人和一个女人。为什么呢？在大多数吸烟者都是男性的年代，香烟制造商想扩大其市场。我们已赢得了男性顾客，让我们着手开创女性顾客的市场吧。

然而，菲利普·莫里斯（Philip Morris）又是如何做的呢？它只集中面向男人，甚至是面向男人中的男人——牛仔。这个品牌就是万宝路。今天，万宝路是世界上销量最大的香烟。在美国，万宝路在男人和女人中都是销量最大的香烟。

你的营销目标不等于就是你要争取的市场。也就是说，你所明确的市场营销目标并不就是实际上购买你的产品的那些人。尽管百事可乐的营销目标是青少年，但其市场却包括所有人。一个认为自己只有29岁但实际已50岁的人也会去喝百事可乐。

万宝路的营销目标是牛仔，但其市场却包括所有人群。你知道美国还有多少牛仔吗？已经很少了。（他们一直都在抽万宝路。）

最后是**第三种的牺牲：不断地变化**。没有人说过每年复核预算时你都必须改变你的战略。

如果你试图追随市场的每一个潮流与风头，你将注定要被淘汰出局。保持稳固地位的最好方法是从一开始就不要改变你的战略。

人民快运（People Express）一开始就有一个非常明智的狭窄定位。它是一家低价格、飞往一般城市的平价航空公司。人们往往登上了飞机都还在说："我们去哪里呢？"似乎只要票价足够便宜，他们并不在乎别的。

人民快运在成功后又做了什么呢？它试图满足所有人的需求。它投资购置诸如波音747这样的飞机，开始飞客运热线，飞往芝加哥和丹佛这样的城市，更不用说欧洲了。它收购了边疆航空公司（Frontier Airlines），并对机舱进行了内装修，增设了头等舱。

其结果如何呢？人民快运很快就开始亏损，后来将自己出售给得克萨斯航空公司才免于上破产法庭，但是后者还是替它提出了破产申请。

白色城堡（White Castle）采取了另一种做法，它从未改变自己的经营模式。今天的白色城堡不仅看上去与60年前的样子相同，而且它仍在以令人难以置信的低价格出售与当年同样的"冰棒"。你能相信白色城堡的店均年营业收入超过100万美元吗？（这一数字高于汉堡王，而且已同麦当劳相差不多）。

好运将降临那些舍得做出牺牲的人。

定律 14

特性定律
The Law of Attributes

**THE 22
IMMUTABLE LAWS
OF MARKETING**

DRIVING　　　　　　　SAFETY

市场营销是认知的竞争。你要想成功，就必须有自己独特的认知或特性，并以此为中心展开营销。如果没有任何特性，那么你最好有低的价格。

定律 14 特性定律

在定律 6（专有定律）中，我们指出，你无法与竞争者占据相同的词或定位。你必须找到一个属于你自己的词。你必须找到自己独有的特征。

有太多的公司试图模仿领先者，"它们一定知道怎样做最有效"，这是模仿者们的逻辑，"所以我们也这样做吧。"这可不是好的想法。

高明的做法是，寻找一个能令你与领先者抗衡的对立属性。这里的关键词是"对立"——"模仿"并不会起什么作用。

可口可乐是最早的可乐，也是老年人的选择，而百事可乐则成功地将自己定位为年轻一代的选择。

既然"佳洁士"拥有"防蛀"这个词，那么其他牙膏品牌就要避免"防蛀"这个词，而应该选择其他特性，比如味道好、洁白、口气清新以及最近出现的小苏打等。

市场营销是认知的竞争。你要想成功，就必须有自己独特的认知或特性，并以此为中心展开营销。如果没有任何特性，那么你最好有低的价格。

各种产品特性不是生而平等的。对顾客来说，某些特性比其他特性更为重要。那么，你必须努力拥有最为重要的特性。

防蛀是牙膏最重要的特性，因此应当拥有它。但专有定律已指出一个简单事实，即某个特性一旦被你的竞争对手占据，便一去而不可得了。你必须转向另一种次要的特性，并在该类产品中占有一席之地。你的任务在于抓住一种特性，并尽量渲染这一特性的价值，进而提高你的市场份额。

多年来，IBM以其"大"而"强"的特性主导着计算机领域，其他试图凭借这两个特性挤占市场的公司均未获得成功。RCA、通用电气、UNIVAC、伯勒斯（Burroughs）、霍尼韦尔、NCR以及数据处理公司（Control Data）都在计算机领域亏了大把的钱。之后，来自波士顿的一颗新星——阿蒙克公司（Armonk）抓住了"小"这一特性，从此，微型机问世了。那些大公司也许在暗暗嘲笑阿蒙克公司，因为它们认为，所有美国人都需要"大而强"的产品。然而，时至今日，"小"字辈已发展到使IBM这个巨型主机帝国陷入严重困境的地步。

有这样一家公司，它从不嘲笑其他公司引进与其现有产品特性恰好相对立的新产品，这就是吉列公司——世界上最强大的剃须刀片生产商。它一直在高科技剃须刀片及刀架行业居于主导地位。当一个法国的新公司将一个相反的特性（"一次性"剃须刀）引入该品类时，吉列本可以对其一笑置之，并以美国人喜欢有点分量的、昂贵的、高技术的剃须刀为理由而全力开展自己的研究，但它并没有这样做。

相反，吉列加入了这一新产品领域，开始生产以"好消息"（Good News）命名的一次性剃须刀。通过大量资金的投入，吉列在一次性剃须刀的竞争中获胜。

如今，吉列好消息剃须刀主导了一次性剃须刀品类，而这个品类正在成长为剃须刀行业的主流产品。由此得到的启示是：你无法估量具有新特性的产品开拓市场的潜力，因此绝不要嘲笑它。

当汉堡王试图夺走麦当劳"快"的特性时，它并没有取得成功。汉堡王本应如何做呢？难道要用对立的概念吗？与"快"相反的是"慢"，但这是绝对不适合于快餐业的（尽管汉堡王"烤"的概念中含有"慢"的因素）。

只要你到任何一家麦当劳店去看一下，就一定会发现麦当劳的另一个特性——"孩子"。快餐店的确是个孩子们拽着父母来的地方，麦当劳设置的秋千椅就证明了这一点。这就为汉堡王创造了一个机会，可口可乐和百事可乐的竞争便是这个机会能够获得成功的生动证明。如果麦当劳迎合了孩子，汉堡王便可利用这一机会将自己定位为面向成年人，其中也包括不想被当作孩子的孩子们，实际上就是面向10岁以上的所有人（这是一个相当大的市场）。

为使这一想法确实可行，汉堡王援引牺牲定律，将所有小孩的市场都让给麦当劳。对汉堡王来说,这不过意味着去掉几把秋千椅,而且还可以将麦当劳贬低为"儿童乐园"(见定律9:对立定律)。

为了使自己的概念深入人心,汉堡王需要一个名词,它可以是"成长"。请长大后到汉堡王来品尝烧烤的味道。

汉堡王的新概念将使麦当劳的董事们闻风丧胆。一个富有成效的营销计划就应当有这样的作用。

王老吉凉茶以"预防上火"的特性获得成功之后,国内饮料企业纷纷推出各种凉茶品牌,比如宣传"台湾凉茶"概念的"老翁";宣传"中国凉茶道"和"时尚凉茶"的"邓老";宣传"清火气、养元气"的"和其正";等等。但由于这些品牌都未能从王老吉的对立面发掘出有针对性的特性,因此也注定无法发展成为与"王老吉"并驾齐驱的凉茶领域的"百事可乐"。

定律 15

坦 诚 定 律
The Law of Candor

THE 22
IMMUTABLE LAWS
OF MARKETING

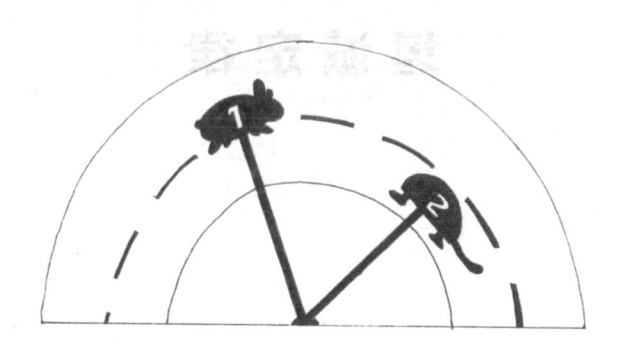

使自己的产品深入人心最有效的方法是首先承认自己的不足,之后再将其转变为优势。

承认自己的弱点是违背公司和个人本性的。多年以来,正面思考的思想被不断地灌输到我们的头脑中。"想好的一面"曾经是无数著作与文章的主题。

因此,当你听到如下论断时一定会感到吃惊:使自己产品深入人心的最有效方法是首先承认自己的不足,之后再将其转变为优势。

"安飞士只是租车市场的老二。"

"取了一个盛美家(Smucker's)这样的名字,我们不得不做好。"

"1970款的大众车将会难看一辈子。"

"乔伊(Joy),世界上最贵的香水。"

这是在干什么?为什么这些企业会在营销中如此坦诚?

首先,也是最重要的,坦诚可以解除顾客的戒备心理。你关于自己弱点的任何陈述都会立即被当作真话接受。相反,你的任何自夸,则最多也不过是被人半信半疑,广告宣传尤其如此。

对于自己长处的宣传,你必须通过证明方能使顾客接受,而承认自己的弱点,则从来无须证明。

"1970款的大众车将会难看一辈子。"潜在顾客会想:一辆难看的车一定很可靠。

"乔伊,世界上最贵的香水。"如果人们愿意花375美元买一盎司的香水,那么它肯定是令人心动的香水。

"取了一个盛美家这样的名字,我们不得不做好。"大多数公司,尤其是家族式公司,从不会拿自己的名字开玩笑。这也正是盛美家成为果酱和果冻产品中最知名品牌的原因之一。如果你的名字不好,那么你将面对两个选择:换一个名字或调侃它。你唯独不能做的是无视它。这也正是今天你已不会在超市中看到加布林格(Gablinger's)、格罗斯奇(Grolsch)和格雷斯蒂克(Gresedieck)这些品牌啤酒的原因之一。

"安飞士只是租车市场的老二。"那么为什么要租它的车呢?因为它必须更努力地工作。人人都知道安飞士是排名第二的租车公司。

为什么要承认显而易见的东西?市场营销往往就是要利用这些显而易见的东西。因为某种认知一旦建立,你就无法改变它。在市场营销中,你必须努力利用人们心智中已经形成的认知和概念。你必须借助营销活动反复强调它。在这一点上,没有一个策划做得像安飞士的"第二位"这样出色。

定律15 坦诚定律

人们过高地估计了正面思考的优越性。当今通信与信息传播的爆炸，使人们对极力向自己销售任何产品的公司越发采取谨慎与戒备的态度。几乎没有公司愿意承认自己的弱点。

当一家公司以承认自己的弱点而开始进行宣传时，人们往往会情不自禁地关注它。试想有人找到你诉说他的困难时，你一定立即注意倾听并愿意提供帮助；而如果一个人开口就向你炫耀他所做的精彩之事，那么你反而不一定会感兴趣。

当人们开始关注你时，你便可以转向正面的宣传，这便是你行销的诀窍。几年前，斯科普以"好味道"的产品打入了漱口水市场，而这就使得李施德林的味道非常糟糕这一弱点暴露无遗。

李施德林应作何反应呢？它当然不能宣称李施德林的味道并非"那么坏"，这样做只会加深人们对自己的坏印象，从而使事情变得更糟。所以，与此相反，李施德林出色地应用了坦诚定律，它公开宣称本产品是"使你一天憎恨两次的漱口水"。

该公司不仅承认了其产品味道的确不佳，而且承认了人们实际上也厌恶其产品的味道（这已说明公司是诚实的）。之后，它便建立了它的销售理念，即"李施德林会消灭大量细菌"。

潜在顾客会认为，气味像消毒水一样的东西一定能消灭细菌，高度的坦诚使该公司度过了这一气味危机。

另一个例子是，通用食品公司承认其葡萄果仁（Grape-Nuts）麦片需要"尝一段时间才能体味其中的乐趣"，并建议顾客试用一周。结果是其销售量上升了23%。

最后需要指出的是：坦诚定律必须谨慎使用，它需要有高度的技巧。

第一，你的"缺点"必须广泛地被人们认为是缺点。你的坦白必须能立刻得到消费者的认同。如果不是这样，你的顾客便会感到迷惑，进而疑惑地问："这是怎么搞的？"

第二，你必须迅速将缺点转化为优点。坦诚的目的不是道歉，而是要建立一个足以让潜在顾客信服的利益点。

本定律不过是证实了一条古老的格言：诚实为上。

中国企业在此方面的实践案例较少，使用"坦诚定律"需要极大的勇气，但往往能产生意外的效果。以中国乳业的三聚氰胺危机为例，如果三鹿能采取坦诚策略，第一时间将产品问题告之大众，并及时召回产品，安排善后，三鹿品牌本可避免灭顶之灾。

定律 16

唯 一 定 律

The Law of Singularity

**THE 22
IMMUTABLE LAWS
OF MARKETING**

在大多数情况下，你的竞争者只有一个容易攻破的薄弱环节，正是这个环节，应该成为你全力攻击的焦点。

定律16 唯一定律

许多市场营销人士把成功看作是大量细小努力的总体结果。

他们认为只要投入足够的努力，就可以同时选择并实施多种战略以获得成功。如果他们是在为某个品类的领先者工作，那么他们会将资源浪费在大量各种各样的营销计划上。他们似乎认为企业成长的最佳途径就是进入所有领域。

如果不是在为领先者工作，他们往往就会试图模仿领先者，只不过想做得更好一些，并因此更加努力地工作。然而在市场营销中，更努力地工作并不是成功的秘诀。

无论你是努力尝试还是轻松应对，其结果没有多大差别。而且公司越大，平均定律越会削弱任何努力所带来的真正优势。

历史经验告诉我们，在市场营销中起作用的，只有独特的、大胆的一击，而且在任何既定条件下，只有特定的行为可以产生实质性的效果。

成功的将军通过对战局的研究，要谋划出一个出其不意、克敌制胜的突击方案，找出一个这样的方案十分困难。要找出多个这样的方案，通常是不可能的。

军事战略家、作家 B. H. 利德尔·哈特（B. H. Liddell Hart）称这种大胆的突击为"最出其不意的战线"。在第二次世界大战中，盟军选择登陆及向德军反攻的地点是诺曼底，那里的海浪及岩石海岸使德军认为任何规模的登陆都不会选择在这样的地点进行。

在市场营销中同样如此。在大多数情况下，你的竞争者只有一个容易被攻破的薄弱环节。正是这个环节，应该成为你全力攻击的焦点。

就这一点而言，汽车行业是一个有趣的案例。在很多年里，领先者的主要优势在于中档车。依靠拥有像雪佛兰、庞蒂亚克、奥兹莫比尔、别克和凯迪拉克这样的品牌，通用汽车公司轻而易举地回击了来自福特、克莱斯勒以及美国汽车公司的正面进攻。[埃德塞（Edsel）的惨败就是一个经典案例。]通用汽车公司对汽车行业的主导成为商界的一段传奇。

在市场营销中能够奏效的战略与在军事上的战略是相同的：出其不意。

汉尼拔（Hannibal）穿越阿尔卑斯山，走的是一条被认为不可能穿越的路。希特勒当年绕过马其诺防线，并使其装甲师通过阿登地区，选的是法国将军们认为坦克不可能穿越的地带。（事实是，希特勒两次穿越了该地区：一次是法国战争，另一次是阿登战役。）

近年来，只有两次强烈的冲击对通用汽车形成了打击。这两次都是对该公司的"马其诺防线"展开的侧翼进攻。日本公司以小型车进入低价市场，如丰田、达特桑（日产汽车）和本田；而德国公司则以高档车进入高价市场，如梅赛德斯－奔驰和宝马。

在日本人和德国人成功的侧翼进攻下，通用汽车公司面临着投入资源以加强其高、低档产品的压力。（相对于昂贵的德国进口车来说，凯迪拉克太便宜了。）

为了节省开支和维持利润，通用汽车做出了一个致命的决策，即决定用同样的外形式样生产多种中档车。一时间，人们无法辨别雪佛兰、庞蒂亚克、奥兹莫比尔或别克，它们看上去都差不多。

正是这些看上去都一样的车削弱了通用汽车公司在中档车市场上的优势，并为福特公司突破欧洲风格的金牛座（Taurus）和黑豹（Sable）提供了机会。之后，日本人又打入了讴歌、雷克萨斯和无限等汽车，现在通用汽车公司成了整个汽车行业的弱者。

再看看可乐行业。目前，可口可乐正在用经典可乐和新可乐在两条战线上同其他饮料进行竞争。当经典可乐重新获得其原有优势时，新可乐（来自亚特兰大的又一个埃德塞）却仍在苦苦支撑。

我们已看到太多的可口可乐的广告词："我们有为你准备的口味"，"这是真正的选择"，"请跟潮流"，"红色、白色和你"，"挡不住的感觉"。而目前是："你无法抗拒的真正的饮料。"然而，这一切并未为其赢得多少顾客。

可口可乐公司的员工在不懈努力,他们甚至聘请了好莱坞天才代理商为其出谋划策。

目前,新广告人不时地涌进亚特兰大的可口可乐会议室,并将一批批新口号贴满墙壁。可口可乐高层管理人员将坐在一起讨论最新创作的广告片。当然,从理论上讲,如果你毫无规律地想出所有你可能想到的新创意,你也可能碰到正确的创意,但这毕竟不是有效率的工作方法。

可口可乐应取得实质性进展,而不应仅局限于挖别人的生意。正如我们看到的那样,可口可乐只能做出这样的举动——一方面是向后退一步,另一方面是再向前进一步。

首先,可口可乐应缩小其阵线,放弃新可乐。这不仅因为它是一个失败的或陷于尴尬的产品,而且因为新可乐的存在阻碍了公司有效地使用它拥有的唯一武器。

让新可乐顺利引退后,可口可乐便可以按照聚焦定律,重新使用"真正的饮料"的概念同百事可乐竞争。

为了发起进攻,可口可乐公司可以在电视中对百事一代说:"好吧,孩子们,我们不会强迫你,但当你们想喝正宗可乐的时候,我们已为你准备好了。"这很可能是终结百事一代的开端(如果百事可乐没有准备自行了结的话)。

这一战略不仅易行、有力,它的确也是可口可乐唯一可行的做法。它利用了可口可乐在顾客心智中拥有的唯一概念:"正宗可乐。"

为确定独特的定位或概念，营销人员必须知道市场上正在发生着什么。他们必须亲临市场竞争的第一线，必须知道如何做有效，如何做无效。他们还必须亲自参与营销过程。

由于决策错误，可能会付出很大的代价，管理人员承担不起将重要的营销决策权下放而产生的不良后果。而这正是在通用汽车公司所发生的事。当财务管理人员接管了经营大权后，其营销计划遭到惨败。这些财务管理人员关心的只是数字，而不是品牌，颇具讽刺意义的结果是，其销售量与品牌的声誉一同下降。

如果只是守在总部的办公室而不亲自介入营销过程的话，你便很难找到这种独特的方案。

可口可乐在瓶装茶市场上的经历证明了这一定律。可口可乐先后推出过"天与地"茶饮料、岚风日式蜂蜜绿茶、阳光冰爽果茶、雀巢"西式冰爽茶""茶研工坊"草本茶饮料，但都以失败而告终。后来推出的"原叶"系列虽耗资巨大，但同样前景暗淡。可口可乐要在瓶装茶饮料市场上有所作为，唯一可行的策略就是针对当前的领导品牌康师傅，制定有针对性的战略。

定律 17

莫 测 定 律
The Law of Unpredictability

**THE 22
IMMUTABLE LAWS
OF MARKETING**

定律 17　莫测定律

应对不可预见的未来情况的方法之一，便是建立具有极大灵活性的企业组织。当你所经营品类的市场发生根本性变化时，你若想长久地生存下去，就必须做出变革，并且能够快速地进行变革。

绝大多数市场营销计划都是一种对未来的假设,然而,这种假设通常会出错。

尽管依靠数百台计算机和成批的气象学家,仍没有人能准确地预测出 3 天以后的天气,你又如何来预测 3 年后的市场呢?

IBM 公司曾制订了一套大规模的市场营销计划,试图将所有的个人电脑与其主机系统联机。IBM 给这一系统命名为"奥视"。但由于太阳微系统公司、微软公司以及其他公司的发展,这一计划胎死腹中。可以说"奥视"预见到了所有的事情,就是没有预见到市场竞争。

无法预测竞争者的反应是市场营销失败的一个主要原因。当皮克特(Pickett)被问及哪个盟军领导人应对葛底斯堡的失利负责时,他说:"我始终认为北方佬与此事有关。"

然而有些人认为,美国人的最大问题就是缺乏远见,美国管理人员思考问题时过于短视。难道取消长远计划就会使事情更糟吗?

定律 17 莫测定律

从表面上来看，这些忧虑都是有根据的，但更重要的是，要弄清这里的长期与短期都意味着什么。大多数美国公司中存在的问题都与短视的营销思维方式无关，问题出在短视的财务观念上。

绝大多数公司都依赖于季度报表掌握经营情况。问题正出在这里，公司因这些数字而生也毁在这些数字上。ITT 著名的哈罗德·吉宁（Harold Geneen）最近成为应用这一方式的最好典型。他亲自上阵，大力督促他的经理们不断地增加盈利。

其结果是换来一屋子的卡片，并最终使公司倒闭。今天的 ITT 只是以前的一个空壳，它的财务账面很漂亮，但是市场营销却糟糕透顶。

通用汽车在它的财务人员接管经营大权之前，也曾干得很出色；但在那以后，它将注意力放在了数字而不是品牌上。他们同意了艾尔弗雷德·斯隆（Alfred P. Sloan）让差异化品牌各自经营的计划。结果，各个部门的经理为了追逐短期的数字目标，不约而同地开始竞逐中档市场。

一个好的短期计划能够找到一个视角或一个词来区隔你的产品或公司，尔后再建立与之相协调的基于扩大这一想法的长期营销规划。它不是长期计划，而是长期的发展方向。

汤姆·莫纳汉（Tom Monaghan）给达美乐比萨设计的短期视角是，提出"宅送"的概念，并建立一套快速高效的比萨运送体系。其长期发展方向是尽快建立第一家遍及全国的送货上门的连锁系统。

在拥有足够的特许权以便进行全国范围的广告宣传之前，莫纳汉并没有占据"宅送"这一概念，然而，他最终实现了自己的两个目标。今天，达美乐是一家价值26.5亿美元的公司，它占有4%的宅送业务。莫纳汉根本没有一个复杂的计划。

那么，你应如何做呢？你如何才能应对不可预测性呢？尽管你不能准确地预测未来，但你却可以把握未来发展的趋势，而这正是在形势变化中获得优势的途径。这种把握趋势的例子之一便是美国人日益重视健康的趋势。这一趋势已经为一些产品，尤其是健康食品打开了市场大门。"健康选择"（Healthy Choice）冷冻主菜最近取得的全面成功，便是在把握长远发展趋势中获利的一个例子。

康爱格拉公司（ConAgra）于1989年3月推出了"健康选择"品牌。但在早些年，市场充斥着低钠、低脂和口味清淡的品牌。不过，所有这些健康理念都被淹没在延伸的品牌名称之下。康爱格拉是第一个用简单的名称与概念从已经流行了数年的趋势中获利的品牌。

不幸的是，康爱格拉在其发展道路上也大张旗鼓地将"健康选择"品牌的产品延伸至蔬菜以外的品类，从而使它旗下的各种产品混淆在一起。它违背了牺牲定律。

研究趋势的危险在于推测。很多公司会武断地推断某个趋势将持续多久。如果你相信若干年前的推断，那么，今天人人都应该在吃烤鱼和烤鸡。(谢天谢地,如今的汉堡包仍然卖得很火。)

与简单推断发展趋势同样糟糕的是,普遍存在的一种认为未来会重现今日的观念。当你认为一切都不会变化时,其实你正在肯定地预测未来,正如你假定未来会发生某些变化一样。请记住彼得(Peter)定律:意想不到的事总会发生。

尽管追踪趋势可以作为应对不可预见之未来的有效工具,但市场研究往往会带来更多的问题而不是帮助。研究确实是衡量过去的最佳手段,但新思想和新概念几乎是无法衡量的。任何人都不可能有一个评价未来的参照系。在进行现实的选择之前,人们并不知道他们应如何做。

一个典型的例子便是施乐公司在开发普通纸复印机之前进行的市场研究。其研究得出的结论是,当人们可以花1.5美分得到一张热敏传真复印纸时,没有人愿花费5美分进行一次普通纸复印。

施乐没有理睬这项研究报告,接下来,我们看到的就是施乐的成功史。

应对不可预见的未来情况的方法之一,便是建立具有极大灵活性的企业组织。当你所经营品类的市场发生根本性变化时,你若想长久地生存下去,就必须做出变革,并且能够快速地进行变革。

从前,通用汽车公司对小型汽车的趋势反应迟钝,结果为此付出了巨大的代价。

今天，IBM 不能及时地认识到计算机微型化的发展趋势，它也将为此付出巨大的代价。

目前，工作站是对主机和微型计算机的真正威胁。它以低廉的成本提供强大的工作能力。如果 IBM 想要保住其在计算机领域的领先者地位，那么它必须在由 Sun 微系统公司和惠普公司主导的这个产品品类中成为一个重要的参与者。

一个很自然的做法将是推出一个新品类。IBM 最好的机会可能就是将其新的高性能工作站命名为"PMs"，正如它过去曾成功地使用过的"PMs"一样。"PM"代表"个人主机"。这两个看似普通的词准确地抓住了新型台式机的快速与功能强大这两个特征，也正是 IBM 在顾客心智中已占据的概念。这两者的结合将形成十分强大的力量。

使用这一概念的唯一问题可能在 IBM 自身。"个人主机"这一概念可能会同时冲击 IBM 的主机和个人电脑两个细分市场。让我们来设想一下，一旦使用了这个词，电话铃声会不断地响起，人们很快就会断定"个人主机"会严重减少上述两个市场的重要收入来源。

也许个人主机产品会破坏 IBM 的其他两个收入来源，但一家公司必须具有以新理念向自己挑战的胆量和灵活性。变革是不容易的，但它却是应对不可预见之未来的唯一方法。

最后需要强调的是，"预见未来"与"对未来下注"是两码事。奥维尔·雷登巴赫尔（Orville Redenbacher）的美味爆米花公司

(Gourmet Popping Corn)将宝押在人们将乐于为昂贵的印度玉米付双倍的价钱上。在今天富足的社会中,这倒是一个不错的冒险。

没有人能够对未来做出准确的预测,营销计划也不要试图做到这一点。

定律 18

成 功 定 律
The Law of Success

**THE 22
IMMUTABLE LAWS
OF MARKETING**

成功往往会导致贸然延伸产品线。当一个品牌获得成功后,公司会认为名称好是该品牌成功的根本原因,所以它们便急切地给其他产品也都冠以同样的名称。

自大是营销获得成功的敌人。

客观才是我们需要的。

当人们取得成功时，往往就不那么客观了，他们常常用自己的主观判断来代替市场的客观需求。

唐纳德·特朗普和罗伯特·马克斯韦尔（Robert Maxwell）两家公司的例子说明了人们如何被早期的胜利冲昏头脑，尔后又因其谦逊而恢复理智。人们在被冲昏头脑之时，必然很难保持聚焦。特朗普先生的战略是将其所有的产品都冠以他自己的名字，这正犯了品牌延伸之大忌。（非常自负的人似乎总是否认自己的自负。当我们第一次见到特朗普时，他的开场白就是抱怨人们是如何责备他非常自负，并强调这根本不是事实。然而与此同时，我们却无法不注意到竖立在他办公桌旁地板上高近1米的铜铸"T"字。这已经说明了一切。）

成功往往会导致贸然延伸产品线。当一个品牌获得成功后，公司会认为名称好是该品牌成功的根本原因，所以它们便急切地给其他产品也都冠以同样的名称。

事实正好相反。使品牌出名的并不是它的名称（尽管一个糟糕的名称可能会妨碍一个品牌的出名）。品牌的出名是由于你实施了正确的营销计划。换句话说，你采取了与市场营销的基本定律相一致的措施。

你首先进入了顾客的心中；你缩窄了自己的业务焦点。你抢先占有了一个强有力的特性。

成功会加重你的自大，这使你将自己的知名品牌用到其他产品上。结果正如唐纳德·特朗普的失败所表明的那样，你会遭遇早期的成功和晚期的失败。

你越相信自己的品牌或公司名称，就越容易掉进品牌延伸的陷阱。"这不会是由于名称的原因，"当出现问题时你会这样想，"我们有一个绝妙的名称。"骄傲招致失败，傲慢导致毁灭。

达美乐比萨公司的汤姆·莫纳汉是认识到自大会将人引入歧途的少数高层管理者之一。"人们在成功后便开始认为自己可以做到一切。以前，我也曾走过这样的弯路。我曾一度经营冷冻比萨饼，其结果是一场灾难。在那些最宝贵的时期，如果我不是将精力浪费在试图在酒吧和饭馆销售冷冻比萨饼上，今天达美乐或许会拥有更多家分店。"

实际上，自大本可以是有益的，它可以是公司业务发展中的一个有效推动力量。问题在于，你将自大的心理注入了市场营销过程之中。出色的营销人员可以做到像潜在顾客一样思考问题,他们可以将自己放在顾客的位置上,他们并不将自己对现实的看法强加在具体的营销场合。(要记住,我们这个世界充满着认知,然而在市场营销中,只有顾客的认知才是起作用的和值得考虑的。)

在不断取得成功时,像通用汽车、西尔斯(Sears)和IBM这样的公司就开始变得自大起来。它们自信可以在任何想要进入的市场中有一番作为,结果成功反而导致了失败。

来看一下曾为我们带来微型计算机的数字设备公司(DEC)。该公司从零开始,取得了巨大的成功,成为一个价值140亿美元的公司。

DEC的创始人是肯尼思·奥尔森(Kenneth Olsen)。事业的成功使他确信自己对计算机世界的看法是正确的。他对个人电脑、开放系统以及最后对精简指令集(RISC)等不屑一顾。也就是说,他忽视了计算机品类上三项最重大的发展。(一种发展趋势就像一股浪潮,你是不能逆潮流而动的。)今天,肯尼思·奥尔森已经退出竞争舞台。

公司越大,其高层管理者便越容易脱离市场营销第一线。这或许是影响公司发展的一个最主要的因素。其他的因素都是有利于扩展公司规模的。市场营销如同一场战争,而作战的首要原则就是兵力原则。队伍越大,公司越有实力,其优势也就越大(见定律22"资源定律")。

然而在市场营销的战斗中,一家大公司如果不能将兵力集中于那些已在顾客心智中生根的产品上,它就会失掉自己的某些优势。

通用汽车公司的罗杰·史密斯(Roger Smith)和罗斯·佩罗特(Ross Perot)之间的争论说明了这一点。当罗斯·佩罗特作为通用汽车公司董事会成员时,他利用周末的时间去走访汽车经销商并购买汽车,他批评罗杰·史密斯从没有这样做过。

佩罗特说:"我们必须彻底推翻通用汽车公司的体制。"他主张改造闷热的停车房,取消公司高级轿车的专职司机和管理人员专用餐厅。(一家销售汽车的公司难道还需要专职司机吗?)

如果你是工作繁忙的CEO,你将如何搜集反映现实情况的客观信息呢?你又如何克服中层管理人员向你讲顺耳话的倾向呢?

你如何才能保证既能听到好消息,又能听到坏消息呢?

一种可行的办法就是微服私访。这尤其适合于调查了解经销商或零售商这一层次的情况。在很多方面,这与一个国王装扮成普通老百姓混到民众中体察民情非常相似。这样做的目的在于:得到民众关于现实情况的真实看法。

像国王一样,高层管理者很少能得到其大臣们的真实看法,在宫廷中有太多的阴谋诡计。

另一方面的问题是时间的分配。CEO们大多把时间耗费在过多的联席会议、过多的行业活动、过多的外部董事会以及太多的宴会上。

根据一项调查,CEO们平均每周要花费18个小时参加各种

"外部活动"。另一项耗费时间的活动是各种内部会议。CEO 们平均每周要花 17 个小时参加公司会议，并花 6 个小时为这些会议做准备。鉴于典型的总裁每周要工作 61 个小时，他们只剩下 20 个小时可用于做其他事情，包括管理日常业务和到第一线考察。难怪总裁们将市场营销权力下放，而这正是一个错误。

市场营销至关重要，因此决不能将其转交给下属。如果你想下放权力，你应当将下一轮募捐活动的主席职位授予他人。（在美国，参加国葬的是副总统而不是总统。）此外，应减少会议。与其坐在那里争论不休，还不如走出办公室亲自进行实地调查。正如戈尔巴乔夫对里根所说的："百闻不如一见。"

与大公司相比，小公司的经理们更接近第一线，这也许正是小公司在过去 10 年中发展快于大公司的原因之一，它们还没有受到成功定律的支配。

定律 19

失 败 定 律
The Law of Failure

**THE 22
IMMUTABLE LAWS
OF MARKETING**

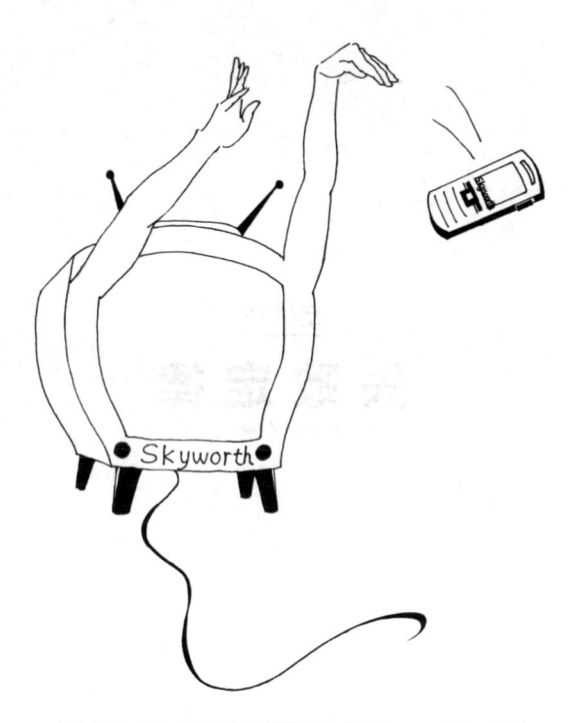

面对错误的现实但又对其无所作为是一件很糟糕的事，这极不利于你的事业。更佳的战略是尽早发现错误并及时采取措施以停止损失。

在遇到问题时，有太多的公司总是想改进它而不是及时地放弃它。"让我们重整旗鼓，以挽救局面。"这就是它们的生存之道。

面对错误的现实但又对其无所作为是一件很糟糕的事，这并不利于你的事业。更佳的战略是尽早发现错误并及时采取措施以终止损失。美国汽车公司本应放弃客车生产而聚焦于吉普车。在最终认识到其错误之前，IBM本应放弃复印机生产，施乐也应放弃计算机生产。

日本公司似乎善于尽早发现错误并及时改变策略。它们的集体管理方式可以消除自大现象。由于参与决策的人数众多，即便对于重大的决策，分摊到每个决策者身上的责任也已很小，这样的话就不存在有损于个人事业的污点了。换句话说，承认"我们都错了"比承认"我错了"要轻松得多。

这种无我的工作方式是使日本公司成为强有力的营销竞争者的一个重要原因。它们不是不犯错误，而是在犯了错误之后，能够承认错误，修正错误，进而继续前进。

取得巨大成功的沃尔玛公司有另一种对待失败的方法，这便是山姆·沃尔顿（Sam Walton）式的"准备、开火、瞄准"方法。这是由于他喜欢修修补补而想出来的方法。

沃尔顿清楚地知道没有人能够次次成功。在沃尔玛公司，人们不会因试验失败而受到惩罚，正如该公司总经理在刊登于《商业周刊》的一篇文章中所指出的："如果你学习并试着做某些事情，那么你可能会因此而受到赞赏。但是，一个人如果犯两次同样的错误，那将是悲哀的。"

沃尔玛之所以与其他大公司不同，原因在于，迄今为止，它似乎不曾受到一种被称作"个人前程"的隐性疾病的侵扰，这种疾病可以侵入任何公司的肌体。在患此病的公司中，管理人员在进行营销决策时，首先想到的是决策对自己的个人前程将会有何影响，其次才是竞争者或敌人对顾客心智的影响。决策者个人和公司之间有着内在的利益冲突。

这种冲突使公司不能勇于承担风险。（如果你不去自找麻烦的话，你就很难成为第一个进入新品类的公司。）一个高层管理人员，当他享有很高薪水并接近退休年龄时，是根本不可能采取什么大胆举措的。甚至那些年轻的经理们也往往愿意做出"更稳妥"的决策，以便不影响自己的职务晋升。没有人曾经因为没能采取某项大胆的举措而遭到解雇。

在一些美国公司中，任何一项举措，如果不是对某个高层管理者个人有利的话，就不会被推行。这严重地限制了很多潜在而有利的营销措施的实施。一项建议被拒绝，往往不是因为这项建议本身有问题，而是因为没有任何一位高层管理者会从这一建议的成功中得到个人好处。

消除"个人前程"因素的方法之一，是将其公开化。3M公司利用"优胜者"体系公开寻找会从新产品或冒险行动的成功中受益的人。3M成功推出"报事贴"便条就证明了这一概念的有效性。阿特·弗赖伊（Art Fry）是3M中开发报事贴的科学家，而这一产品几乎用了12年的时间才进入市场。

虽然3M的体系是卓有成效的，但在理论上，一个理想的环境应该是允许管理者根据某个概念的优劣，而不是根据该概念会使谁受益来进行判断。

一家公司如果要想以理想的方式运行，那么它就应采取团队工作方式，发扬团队精神，并且要有一位能够做出自我牺牲的带头人。关于这方面的事例，人们很容易想到巴顿（Patton）将军带领第三军（Third Army）闪电般横扫法国的战绩。在历史上，没有其他任何一支队伍曾经在如此短暂的时间内，占领如此大片的区域，掳获如此多的战俘。

巴顿将军受到嘉奖了吗？事实是，艾森豪威尔（Eisenhower）解雇了他。

若失败无可避免，及时撤退则可以达到亡羊补牢的效果。联想出售手机业务，创维以每股2港元的低价出售手机业务都属于此类举措。所以，无论是联想还是创维，"撤退"的消息宣布之后，股市都以大幅反弹作为回应。

定律 20

炒作定律
The Law of Hype

THE 22 IMMUTABLE LAWS OF MARKETING

炒作就是炒作。真正的革命并不是正午的吹号游行，也不会出现在晚间 6 点的新闻报道中。真正的革命会在午夜悄无声息地到来。

当 IBM 取得成功时，它没有声张，而现在它却经常召开新闻发布会。

当事情进展顺利时，公司不需要宣传炒作；而当它需要炒作时，一般意味着它遇到了麻烦。

年轻的、缺乏经验的记者和编辑往往更相信他们在其他出版物上读到的东西，而不是他们自己收集的材料。一旦炒作开始，就会不断地持续下去。

没有什么软饮料比新可乐所进行的炒作更多了。根据某项评估，新可乐曾得到 10 亿多美元的免费宣传。加上数亿美元新产品宣传广告费，按理说新可乐应成为世界上最成功的产品，但事实并非如此。

新品牌推出不到 60 天，可口可乐就被迫回到了原始配方，现在称为经典可乐。今天，经典可乐与新可乐的销售量之比为 15∶1。

没有哪份报纸比《今日美国》炒作得更多了。出席其 1982

年创刊仪式的有美国总统、国会发言人以及议会多数党领导人。那次宣传活动给人印象如此之深，以至于人们都认为《今日美国》会立即大获成功。

没有哪种计算机比 NeXt 炒作得更多了。参加该新产品新闻发布会的人员如此之多，以至于史蒂夫·乔布斯不得不事先印制会议入场券。尽管会场可以容纳数千人，但仍然座无虚席。

史蒂夫·乔布斯不仅上了电视新闻，而且还成了许多重要杂志的封面人物。而 IBM、罗斯·佩罗特（Ross Perot）和佳能公司则已在造势方面投资了 1.3 亿美元。

NeXt 会成为赢家吗？当然没有。闹剧般的开端已无声无息，NeXt 并没有成为任何新品类的开端。

回顾历史，到处可见媒体宣传非常成功但营销非常失败的例子。塔克 48 型汽车、美国足球社团、图文传输、自动化工厂、私人直升机、成批制造的房屋、可视电话以及化纤服装等，不一而足，都是如此。炒作的本质并不是这个新产品正在走向成功，而是宣告现有的产品要过时。

化学纤维将使羊毛过时；图文传输将使报纸过时；私人直升机将使道路和高速公路过时；塔克 48 准备以其"独眼"车前灯的独特设计改造底特律汽车生产商生产汽车的方式（实际上只生产了 51 部车）。

在被大肆吹嘘的"未来办公室"中，所有办公设备都将集中在一个蜡球似的计算机内。然而，我们在办公室看到的仍是单独操作的打字机（现在叫个人电脑）、激光打印机、传真机、复印机和邮件磅秤。"未来办公室"倒是名副其实，它将永远只存在于未来。

这些预测都违背了莫测定律。没有人能够预测未来，即便他是《华尔街日报》的资深记者也是如此。你唯一能预测的就是那些已经开始了的变革。

有人预测到苏联的解体吗？只有当这场变革开始之后，媒体才开始关注这一事件。

比较一下第一辆坦克和第一辆丰田宝贝（Toyopet）。后者首次进入加利福尼亚海岸，就对市场形成了冲击。《洛杉矶时报》（*Los Angeles Times*）曾经报道过日本进口车将震撼美国汽车工业吗？根本没有。它只刊登了一些日本小汽车因不适应美国坚硬的道路而失事的报道。（当然，丰田宝贝在改进汽车质量并将名称改为丰田后，成了大赢家。）

当MCI通信公司开始提供芝加哥与圣路易斯之间的微波通信服务时，媒体难道曾宣布"请看，AT&T有了新的竞争者"了吗？没有，它们完全忽视了渺小的MCI。当Sun微系统公司售出第一台工作站时，难道媒体意识到这一事件的意义了吗？它们认识到在将来某一天，工作站将打乱IBM与DEC的阵脚了吗？没有，媒体完全忽视了Sun微系统公司。

请忘掉头版新闻。如果你想寻找未来的线索，请注意报尾那些无关紧要的小故事吧。

个人电脑和传真机都没有像火箭那样一飞冲天。个人电脑于1974年诞生。IBM花了6年的时间才推出PC，但即便是PC也要到一年半后，即莲花1-2-3开始对市场形成冲击后才开始普及。

捕获公众的想象力与变革市场是两回事。以图像电话为例，现在称作可视电话。自从可视电话在1964年纽约世界博览会上被展出以来，它一直是新闻界的热门话题，常常出现在报纸的头版。最近的一个例子来自《华尔街日报》的头版报道，该文章题目为"巨大的变革——可视电话时代终将到来"。

这已是AT&T的第三次努力了。早在20世纪70年代，该公司便以每月100美元的价格提供可视电话服务，结果失败了。在80年代，该公司又试图以每小时2 300美元的价格提供视频电话会议服务，又未成功。到了90年代，AT&T正在推销1 500美元一部的可视电话。

可视电话未能成功的原因并不难想见，谁愿意仅仅为打个电话而梳妆打扮一番呢？

不容易理解的倒是为什么可视电话会得到如此之多的炒作。《华尔街日报》文章的如下副标题可能会给我们一些启发："旅行的替代品。"美洲航空公司、联合航空公司、达美航空公司，你们都要当心了，因为你们的好日子不多了。这样的炒作事实上与可视电话毫无关系。它所涉及的只是旅游产业即将面临的变革。

在过去很多年中，最热门的炒作声称将一举改变行业（尤其是那些关系美国经济命运的行业）的发展。您是否记得第二次世界大战后有关直升机的广告：每个车库内都将停放着一架直升机，这使道路、桥梁以及整个汽车工业都将在一夜间过时。唐纳德·特朗普有直升机吗？你有自己的直升机吗？（唐纳德确实曾经有过一架直升机，但最终他还是把它还给了银行。）

然后是建造房屋的炒作。据报道，家庭购买的最贵重的商品——房屋，也可以在流水线上被生产出来，这将导致整个建筑行业的变革。

散装食品也曾一次又一次地成为热门话题。据报道，这项创新将改变整个包装业。品牌会出局。顾客只须阅读价签，并根据产品本身的质量而不是其广告预算规模的大小进行采购。这纯粹是炒作。

最近被过分炒作的是笔输入电脑的发展。据称这将引起个人电脑领域的变革，它将使每个人都可以使用计算机，不论他是否会打字。这也纯属炒作。

也不是每一个被过度炒作的产品都不是事实。任何人支付58万美元加上税金，就能买到一架小型的五座贝尔直升机。笔输入电脑在狭小的细分市场中可能会有吸引力，特别是对那些整天出差的销售人员而言。而对移动房屋和休闲车这类在流水线上生产的产品来说，也可能存在与之对应的巨大的市场空间。

但是，总的来说，炒作就是炒作。真正的革命并不是正午的吹号游行，也不会出现在晚间6点的新闻报道中。真正的革命会在午夜悄无声息地到来。

CCTV黄金时间段广告招标的首届标王秦池可谓阐释"炒作定律"的最佳案例，借助大规模的广告投放以及"标王效应"带来的大量媒体报道，在较短时间内，秦池的知名度和关注度大幅提升。但这同时也为后来负面新闻的产生及迅速扩散累积了巨大的势能，最终导致了无可挽回的结果。

定律 21

趋势定律

The Law of Acceleration

THE 22
IMMUTABLE LAWS
OF MARKETING

如果你面对一个正在迅速崛起的行业，具有风尚的一切特征，那么你最好能够淡化风尚。通过淡化风尚，你就能使之流行的时间延长，从而使它更像是一种趋势。

流行风尚就像海洋中的波浪，而趋势则是海洋中的大潮。风尚总会得到大肆的炒作，而趋势却很少会引起人们的注意。

像波浪一样，风尚是可见的，但它来去匆匆；而趋势则像大潮，它几乎是不可见的，但其力量将在长时期内持久存在。

风尚是一种可能被用来获利的短期现象，但由于它不能长久维持，因而不会对企业有多大好处。而且，公司常常错把风尚当作趋势而盲目发展。结果是，公司常常会为众多的员工、昂贵的生产设备和分销网络所困扰。

（另一方面，流行风尚往往会重复自己。例如，女士的超短裙和男士的双排扣西服。哈雷彗星也是一种风尚，因为它每隔大约75年就又要重现一次。）

当风尚销声匿迹后，追逐风尚的公司经常会受到严重的财务冲击。发生在阿塔瑞公司的事情就是一个典型的个案。看看科利克工业是如何处理那些卡比其娃娃的吧。这些亲切可爱的玩偶在1983年进入市场，并大受欢迎。科利克的战略就是从孩子那里榨取尽可能多的利润。

于是，成百种卡比其玩具充斥了市场：钢笔、铅笔、彩色笔盒、游戏器具以及服装等。两年之后，科利克（Coleco）的销售额达到7.76亿美元，利润达到8 300万美元。之后，卡比其娃娃（Cabbage Patch Kids）便一落千丈。到1988年，科利克受到了本书定律"长效定律"的惩罚。

科利克垮了，但是这种娃娃还活着。1989年，该公司被哈斯布公司（Hasbro）收购后，这种娃娃以相当传统的方式被经营着。目前，其市场状态良好。

这里有点自相矛盾。如果你面对一个正在迅速崛起的行业，具有风尚的一切特征，那么你最好能够淡化风尚。通过淡化风尚，你就能使之流行的时间延长，从而使它更像是一种趋势。

在玩具业，我们可以看到这种现象。一些玩具制造商试图用其最走红玩具的品牌给其他所有玩具命名。结果是，它变成了一种注定要衰竭的风尚。当每个人都有了一个忍者神龟后，就没有人会再想买它了。

忍者神龟的经历是一个由于其拥有者过于贪婪而使一种风尚迅速消退的例子。神龟的拥有者更热衷于追逐风尚，而不是抑制风尚。

相反，芭比娃娃则成为一种趋势。自几年前芭比被发明以来，这一品牌从未被大规模地用于其他商品。因此，在玩具市场中，芭比娃娃成为一种长期趋势。

大多数成功的表演艺术家都会对自己的出场数予以控制。他们都不过于张扬，不会到所有的地方去演出，不表现出全部的热情。

埃尔维斯·普雷斯利（Elvis Presley）的经纪人科洛内尔·帕克（Colonel Parker）故意限制猫王亮相的次数和唱片的张数。结果，埃尔维斯的每次亮相都会是一个轰动事件。[埃尔维斯本人对这个战略的贡献就是早年服药过量，从而抑制了后来的亮相机会。相同的情况还有玛丽莲·梦露（Marilyn Monroe）和詹姆斯·迪恩（James Dean）。]

请忘掉风尚。当风尚出现时，尽量抑制它们。保持市场对你的产品长久需求的方法之一，就是不要完全地满足需求。

在市场营销中，最好、最有利可图的做法就是把握长期趋势。

与趋势定律相悖，制造时尚与潮流恰恰为我国企业所热衷。健力宝推出的"第五季"饮料正是希望通过时尚和潮流来推动品牌的成长，该品牌以另类形象出现，涵盖了可乐、茶饮料、纯净水、果汁等品类，口号为"现在流行第五季"。在一阵风潮之后，第五季几乎销声匿迹。

预调鸡尾酒品类的由盛而衰是品类风尚化的一个非常典型的例子。预调鸡尾酒这个品类由锐澳/百加得等品牌开创，经过长达十年的渠道和核心顾客群的摸索，品类开始启动，进入高速成长期，主要的品牌达到了十亿级别的规模。

此后，为了追求短期内市场增长，主要的品牌开始展开大规模的营销活动，全面扩张渠道，同时加大广告传播/产品促销力度。与此同时，众多食品以及酒类企业也纷纷加入竞争，行业乐观估计，品类市场将达到 200 亿。

然而，品类过快的成长和品牌过度营销并没有带来品类健康发展，反而导致了预调酒品类由于风尚化，而逐渐成为大路货，被消费者逐渐抛弃，由此带来品类增速大幅放缓，主要品牌陷入亏损泥潭。

定律 22

资源定律
The Law of Resources

THE 22
IMMUTABLE LAWS
OF MARKETING

市场营销是一场争夺顾客认知的游戏。你需要资金使自己的想法进入潜在顾客的心智中,一旦进入,你也还需要资金使自己的想法继续留在顾客的心智中。

当你有了一个好的创意并认为自己还需要一点市场营销方面的帮助时,你可能会拿起这本书读一读,而本章的目的,就是要给你的这种想法泼一些冷水。

就算是世界上最好的想法,如果没有启动资金,它也不会成为现实。发明家、企业家、各种点子的创造者似乎都认为,他们所有的好想法都只需要专业的市场营销的帮助。

再也没有比这种想法更偏离实际了。市场营销是一场争夺顾客认知的游戏。你需要资金使自己的想法进入潜在顾客的心智中,一旦进入,你也还需要资金使自己的想法继续留在顾客的心智中。

一个普通的想法加上 100 万美元会比仅有一个伟大的想法使你获得更多。

企业家们认为广告可以解决深入潜在顾客心智这一问题,但广告是昂贵的。第二次世界大战时,每分钟广告的花费是 9 000 美元;越南战争时,每分钟广告花费是 22 000 美元,而在全美橄榄球超级联赛时，每分钟的电视广告费却高达150万美元。

史蒂夫·乔布斯和史蒂夫·沃兹尼亚克（Steve Wozniak）都曾有很棒的主意。然而，是迈克·马库拉（Mike Markkula）的91 000美元使苹果机名扬全球。（因这一投资，马库拉拥有1/3的股份，实际上他本可以得到一半。）

没有资金，好主意将一钱不值。也许并不完全如此，但你必须去想办法找到资金，而不是仅仅依靠市场营销；找到资金后，市场营销才会起作用。

有的企业家将公关宣传当作一种深入潜在顾客心中的廉价途径，他们视之为"免费广告"。公关宣传并不是免费的。根据大拇指法则（又称经验法则），不同级别的公关代理商为企业促销产品的月服务费之比一般为5∶10∶20，即小型公关代理商月服务费为5 000美元，中型代理商为1万美元，而知名的大代理商则高达2万美元。

有的企业家视风险投资为解决其资金问题的救星，但仅有少数人能够通过这种方式筹集到他们所需的资金。

有的企业家认为，美国有很多公司有能力、有意愿，而且也有财力使他们的各种想法顺利实现。你的确需要这些公司，祝你好运。因为大公司极少会接受外部理念，你唯一的希望是找一家较小的公司，然后说服它接受你的想法。

请记住：没有资金支持的想法是毫无价值的，要准备为融资而放弃很多东西。

定律22 资源定律

在市场营销中，富人常会变得更富有，因为他们拥有使他们的想法深入顾客心智中的资源。他们的问题在于，要辨清好的想法与坏的想法，并且避免将钱花在太多的产品和太多的计划上（定律5：聚焦定律）。

竞争是激烈的。大公司在它们的品牌上投入了许多资金。宝洁公司和菲利普·莫里斯公司（Philip Morris）每年的广告支出都高达20亿美元。通用汽车公司每年也要在广告上花费15亿美元。

生活对那些面对较大竞争对手的小公司来说，可能是不公平的。以A&M宠物产品公司为例。这是一家位于得克萨斯州休斯敦的小公司。A&M公司发明了一种猫粪成型器（它是该产品品类的一个重要突破）。其原理很简单，当小猫在该器具中大便后，这个新型器具可以将粪便成型为小球，以便使其很容易地被倒掉，而无须更换便盒。

该产品以Scoop Away（意为用勺子清理出去）为品牌名，一上市便很畅销。这一情况很快被拥有猫便器类产品头号品牌——"洁猫"（Tidy Cat）的金猫公司所注意。

在意识到其他公司的新产品对自己的威胁后，金猫公司推出了其新型的猫粪成型器，叫作"洁勺"（Tidy Scoop）。该公司既利用了A&M公司的创意，又直接采用了其品牌名中的勺（Scoop）的概念。（这多么不公平！）

这场有关猫的争斗终将会由资金来决定胜负，有钱的一方总可以更有效地宣传自己的产品。

对于非消费品，如技术或商用产品，由于潜在顾客有限，广告宣传的花费也比较少，因而不必在营销方面花费过多。但仍需要足够的资金用来印刷产品小册子，进行产品演示，参加产品展销会以及进行广告宣传。

秘诀就在于：首先要有好的想法，之后要有足够的资金来实施它。这里有一些融资方面可走的捷径：

- **你可以通过结婚获得金钱**。1985年，乔吉特·莫斯巴赫（Georgette Mosbacher）嫁给了商务部长罗伯特·莫斯巴赫（Robert Mosbacher）。3年后，莫斯巴赫太太以3 150万美元收购了瑞士一家化妆品公司——拉普雷利（La Prairie）。她是从哪里得到资金的？从每个人手中，包括风险投资家、拉普雷利在瑞士和日本的分销商以及她自己和她丈夫的资源。在乔吉特·莫斯巴赫接手后的第一年，拉普雷利的销售额就上升了30%。然后，她将该公司售出，获得了丰厚的利润。

- **你可以通过离婚获得金钱**。弗朗西丝·利尔（Frances Lear）在1985年她61岁时来到了纽约。那时，她刚与身为电视制片人的丈夫诺曼·利尔（Norman Lear）离婚，并决定开办一份面向40岁以上女性的杂志。她准备将离婚所得的1.12亿美元中的2 500万美元用于投资该项目。在《利尔》发行第五期时，该杂志已经拥有35万名读者。

- **你可以从家庭继承金钱**。唐纳德·特朗普如果没有他父亲留给他的上百万美元，他会一事无成。
- **你可以授权他人来"分享"你的想法**。汤姆·莫纳汉（Tom Monaghan）就是通过授权他人使用他"宅送"的概念而使达美乐比萨遍布全国。

至此，我们一直在讨论小公司和它们筹集资金的策略。那么，资金雄厚的公司又该怎么办呢？它们应该如何实践资源定律呢？答案很简单：投入足够多的资金。在战争中，军队总是在关键问题上犯错。你知道在"沙漠风暴行动"后还剩下多少后勤补给吗？太多了。在市场营销中也是如此。要想成功，就必须舍得花钱。

越成功的市场营销人员，越是会事先进行大量投资。换言之，在两年或三年内他们可能不会赢得利润，因为他们将收入又重新投入市场营销中去了。

资金使得营销世界不停地运转。今天，如果你想获得成功，你必须找到所需资金使营销之轮转动起来。

营销领域的"黄埔军校"、国内洗化领域的领导者宝洁公司深谙资源法则的重要性，宝洁一直是国内最大的广告主，每年有多达16亿美元以上的广告预算，庞大的预算为宝洁抢占心智空白、夯实旗下品牌在顾客心智中的地位、提高竞争壁垒都起到了至关重要的作用。

忠　　告

如果我们没有告诉我们的读者在现今的组织机构环境中应用这些市场营销定律将面临潜在的风险，那么这将是我们的失职。因为这些定律大多与企业的自信、传统的智慧以及马尔科姆·鲍德里奇（Malcolm Baldrige）管理奖所信奉的理念大相径庭。

认知定律与大多数公司的企业文化相反，在这些公司里，努力做得更好这一想法被深深地根植于企业文化中。人们总是围绕着该品类的领先者转，并且向它看齐，然后着手研制能够"超越它的产品"。这就是品质战略的全部内容。

对于许多公司来讲，领先定律是难以接受的。大多数人都相信，他们登上顶峰是因为他们做得更好，而不是因为他们是第一个进入市场的人。

所以，请注意！对于任何会削弱其"更好的产品"的战略建议，管理层都是不愿意接受的。

牺牲定律可能会给你带来麻烦。"为所有人提供他们所需要的所有产品"是许多大公司根深蒂固的想法。如果你对此有所怀疑，只须在任何一家超市中走走就知道了，你会发现有各种不同尺寸、口味和形状的商品，这会令你眼花缭乱。之所以发生这种情况，其实是因为一个既显而易见又令人痛苦的事实，即没有人愿意只提供一种产品或服务。

大公司里到处都是年轻又聪明的市场营销人员。你期望他们坐在那里什么都不做吗？他们感到有必要对那些计划修修补补，采取一些改进措施什么的，否则，他们如何显示自己在公司中的业绩呢？

所以，请注意！那些年轻的、聪明的市场营销人员是不会欢迎任何企图削弱其业绩的努力的。

聚焦定律建议在潜在顾客心智中占据一个词。你的公司在潜在顾客心智中占据的词是什么呢？"我不知道，"这可能就是你的回答，"我们在很多不同的行业中生产不同的产品。"所以，请注意！你要对你的产品进行精简，但要说服那些商业巨头并不是件容易的事。

长效定律向那些希望尽快获得营销业绩的人泼了点冷水，但公司想要看到的是立竿见影的效果。所以，请注意！那些财务人员在短期内是不会让你有好日子过的。

延伸定律是所有定律中最危险的一条。所以，你必须做好准备，要否定管理层一直坚持的真理：成功的大品牌是你的资产，我们可以将它向不同的产品延伸。

在董事会那里，品牌延伸是理所当然的一件事。你会发现在12个董事中没有一个人愿意就这个关键问题向管理层提出质疑。

所以，请注意！管理层是不会欢迎任何削弱其品牌扩张的努力的，你必须等到他们被淘汰出局。管理层是流水的兵，但市场营销定律却是铁打的营盘。

至此，我们已及时地向你提出忠告。如果你违背了这些永恒不变的定律，你就会冒失败的风险。如果你应用了这些永恒不变的定律，你也可能会冒被批评、被轻视甚至被排斥的风险。

不过，你要有耐心。市场营销永恒不变的定律将助你成功，成功就是最好的回报。

附录 A　定位思想应用

定位思想

正在以下组织或品牌中得到运用

· **长城汽车：品类聚焦打造全球盈利能力最强车企**

以皮卡起家的长城汽车决定投入巨资进入现有市场更大的轿车市场，并于 2007 年推出首款轿车产品，市场反响冷淡，企业销售收入、利润双双下滑。2008 年，在定位理论的帮助下，通过研究各个品类的未来趋势与机会，长城确定了聚焦 SUV 的战略，新战略驱动长城重获竞争力，哈弗战胜日韩品牌，重新夺回中国市场 SUV 冠军宝座。2011 年至今，长城更是逆市增长，SUV 产品供不应求，销售增速及利润高居自主车企之首，利润率超过保时捷位居全球第一，连续三年成为全球盈利能力最强的车企。2009 年导入聚焦战略不到 5 年里，长城汽车股票市值增长超过 80 倍。

· **老板：定位"大吸力"，摆脱长期拉锯战，油烟机市场一枝独秀**

长期以来厨房家电中的两大品牌——老板与方太——之间的竞争呈现胶着状态，双方仅有零点几个百分点的差距。从 2012 年开始，老板进一步收缩业务焦点，聚焦"吸油烟机"，强化"大吸力"。根据中怡康零售监测数据显示，2013年老板电器在吸油烟机市场的零售量和零售额份额同时卫冕。同时，由于企业聚焦的"光环效应"带动，老板灶具的销售额与销售量也双双夺冠，首次全面超越华帝灶具。2014年第一季度，老板吸油烟机零售量市场份额达到15.67%，领先第二名36.02%；零售额市场份额达到23.30%，领先第二名17.31%。

- **新杰克缝纫机：聚焦"服务"与中小企业，缔造全球工业缝纫机领导品牌**

在经历连续三年下滑后，昔日工业缝纫机出口巨头杰克公司启动新的聚焦战略，进一步明确了"聚焦中档机型、聚焦中小服装企业客户、聚焦服务"的战略方向。在推动实施新战略后，新杰克公司2013年销售大幅上涨。当年工业缝纫机行业整体较上一年上涨10%~15%，而杰克公司上涨110%。新战略推动杰克品牌重回全球工业缝纫机领导品牌的位置，杰克公司成为全球最大的工业缝纫机企业。

- **真功夫：新定位缔造中式快餐领导者**

以蒸饭起家的中式快餐品牌真功夫在进入北京、上海等地之后逐渐陷入发展瓶颈，问题店增加，增长乏力。在定位理论的帮助下，通过研究快餐品类分化趋势，真功夫厘清了自身最佳战略机会，聚焦于米饭快餐，成立"米饭大学"，打造"排骨饭"为代表品项，并以"快速"为定位指导内部运营以及店面选址。新战略使真功夫重获竞争力，拉开与竞争对手的差距，进一步巩固了中式快餐领导者的地位。

……

红云红河集团、鲁花花生油、芙蓉王香烟、长寿花玉米油、今麦郎方便面、白象方便面、爱玛电动车、王老吉凉茶、桃李面包、惠泉啤酒、燕京啤酒、美的电器、方太厨电、创维电器、九阳豆浆机、乌江涪陵榨菜……

• "棒！约翰"：以小击大，痛击必胜客

《华尔街日报》说"谁说小人物不能打败大人物"时，就是指"棒！约翰"以小击大，痛击必胜客的故事。里斯和特劳特帮助它把自己定位成一个聚焦原料的公司——更好的原料、更好的比萨，此举使"棒！约翰"在美国已成为公认最成功的比萨店之一。

• IBM：成功转型，走出困境

IBM 公司 1993 年巨亏 160 亿美元，里斯和特劳特先生将 IBM 品牌重新定位为"集成计算机服务商"，这一战略使得 IBM 成功转型，走出困境，2001 年的净利润高达 77 亿美元。

• 莲花公司：绝处逢生

莲花公司面临绝境，里斯和特劳特将它重新定位为"群组软件"，用来解决联网电脑上的同步运算。此举使莲花公司重获生机，并凭此赢得 IBM 的青睐，以高达 35 亿美元的价格售出。

• 西南航空：超越三强

针对美国航空的多级舱位和多重定价的竞争，里斯和特劳特将它重新定位为"单一舱级"的航空品牌,此举帮助西南航空从一大堆跟随者中脱颖而出,1997年起连续五年被《财富》杂志评为"美国最值得尊敬的公司"。

……

惠普、宝洁、通用电气、苹果、汉堡王、美林、默克、雀巢、施乐、百事、宜家等《财富》500强企业,"棒!约翰"、莲花公司、泽西联合银行、Repsol石油、ECO饮用水、七喜……

附录 B　企业家感言

经过这些年的发展，我的体会是：越是在艰苦的时候，越能看到品类聚焦的作用。长城汽车坚持走"通过打造品类优势提升品牌优势"之路，至少在 5 年内不会增加产品种类。

——长城汽车股份有限公司董事长　魏建军

在与里斯中国公司的多年合作中，我最大的感受是企业在不断矫正自己的战略定位、聚焦再聚焦，真的是一场持久战。

——长城汽车股份有限公司总裁　王凤英

我对定位理论并不陌生，本人经营企业多年，一直在有意识与无意识地应用定位、聚焦这些法则。通过这次系统学习，不但我自己得到了一次升华，而且更坚定了以后经营企业要运用品类战略理论，提升心智份额，提高市场份额。

——王老吉大健康产业总经理　徐文流

没听课程之前，以为品类课程和定位课程差不多，听了课程以后，发现还是有很大的不同。品类战略的方法和步骤更清晰、更容易应用。听了品类战略的课才知道怎么在企业里落实定位。

——杰克控股集团有限公司总裁　阮积祥

听完课后，困扰我多年没有想通的问题得到了解决，品类战略对我帮助真的非常大！

——西贝餐饮集团董事长　贾国龙

我读过很多国外营销、战略类图书，国内专家的书，我认为只有《品类战略》这本书的内容最值得推荐，因此，我推荐360公司的每位同事都要读。

——奇虎360公司董事长　周鸿祎

通过学习，我认识到：聚焦，打造超级单品的重要性，通过打造超级单品来提升企业的品牌力。品类战略是企业系统工程，能使企业从外而内各个环节相配称。

——今麦郎日清食品有限公司董事长　范现国

学习了品类战略之后，我对心智当中品类划分更清楚了，回去对产品就做了调整，取得了很好的效果，就这一点就值得500万元的咨询费。

——安徽宣酒集团董事长　李健

我很早就读过《定位》，主要的收获在观念上，在读了《品类战略》之后，我感觉这个理论是真正具备系统的操作性的。我相信《品类战略》这个方法是革命性的，它对创维集团的影响将在未来逐步显现出来。

——创维集团副总裁　杨东文

对于定位理论的理解，当时里斯中国公司的张云先生告诉我们一句话，一个企业不要考虑你要做什么，要考虑不要做什么。其实我理解定位，更多的是要放弃，放弃没有能力做到的，把精力集中到能够做到的地方，这样才有可能在有限的平台当中用你更多的资源去集中，做到相对竞争力的最大化。

——家有购物集团有限公司董事长 孔炯

我听过很多营销课，包括全球很多大公司的实战营销、品牌课程。里斯的品类战略是我近十年来听到的最好的营销课程！南孚聚焦战略的成功经验，是花了一亿多元的代价换回来的。所以，关于聚焦，我特别有共鸣。

——南孚电池营销总裁 刘荣海

我们非常欣赏和赞同里斯品类战略的思想，我们向每一个客户推荐里斯先生的《品牌的起源》，了解品类战略。我们也是按照品类战略的思想来选择投资的企业。

——今日资本总裁 徐新

这是一个少即是多、多即是少的时代，懂得舍弃，才有专一，只有占据人们心智中的"小格子"，才终成唯一。把一切不能让你成为第一的东西统统丢掉，秉怀这种魄力，抵抗内心的贪婪，忍痛割爱到达极致，专心做好一件事，才有可能开创一个品类，引领一个品牌，终获成功。

——猫人国际董事长 游林

经过30年的市场经济发展，现在我们回过头来再来看《品类战略》。一方面，它是对过去的提炼与总结；另一方面，它让我们更多地了解到我们的中国制造怎样才能变成中国创造。

——皇明集团董事长　黄鸣

接触了定位理论，对我触动很大，尤其是里斯先生的无私，把这么好的观念无私地奉献给企业。

——滇红集团董事长　王天权

三天的学习，最大的收获是：用聚焦思考定位，做企业就是做品牌大树，而不是品牌大伞或灌木。还有一个重要的启示是：战略由决策层领导制定。

——公牛集团董事长　阮立平

好多年前我就看过有关定位的书，这次与我们各个事业部的总经理一起来学习，让自己对定位的理念更清晰，理解更深刻，对立白集团的战略和各个品牌的定位明朗了很多。

——立白集团总裁　陈凯旋

消费者"心智"之真，企业、品牌"定位"之初，始于"品牌素养"之悟！

——乌江榨菜集团董事长兼总经理　周斌全

品类战略是对定位理论的发展，抓住了根本，更有实用性！

很好，收获很大！

——白象食品股份有限公司执行总裁　杨冬云

课程前，我已对里斯品类战略进行了学习，并在企业中经营实践。这次学习的收获是：企业应该聚焦一个行业，甚至聚焦某一细分品类去突破。把有限的资源投入到别人的弱项以及自己的强项上去，这样才能解决竞争问题。

——莱克电气股份有限公司董事长　倪祖根

战略定位，简而不单，心智导师，品牌摇篮。我会带着定位的理念回到我们公司进一步消化，希望定位理论能够帮助我们公司发展。

——IBM（中国）公司合伙人　夏志红

定位思想最大的特点就是观点鲜明，直指问题核心，绝不同于学院派的观点。

——北药集团董事长　卫华诚

心智为王，归纳了我们品牌成长14年的历程，这是极强的共鸣；心智战略，指明了所有企业发展的正确方向，这是我们中国的福音；心智定位，对企业领导者提出了更高的要求，知识性企业的时代来临了。

——漫步者科技股份公司董事长　张文东